잘익은 토마토

오형석 지음

생각이 영그는 인문에세이

잘 익은 토마토

오형석 지음

벼리커뮤니케이션

여는 글

**토마토가 빨갛게 익어갈수록
이파리도 더욱 푸르러집니다.**

    자기 몸인데도 손이 닿지 않는 곳이 등허리입니다.
    가장 가까운 곳이기도 하지만 가장 멀리 있는 곳이기도 합니다. 어떤 부분은 가려워도 마음대로 긁을 수 없습니다. 효자손이라는 도구를 빌리지 않으면 등허리의 어떤 지점은 닿을 수 없습니다. 등허리가 만드는 뒷모습도 거울이 없으면 스스로의 눈으로 볼 수 없습니다.
    등허리처럼 '내꺼'라고 생각했는데, 막상 '내꺼'가 아닌 경우가 있습니다. 그런 사실을 알아차리는 순간은 사람을 겸손하게 합니다. 이런 일은 비단 등허리에만 그치지 않습니다. 생각을 조금 더 넓혀 보았더니 '내꺼'인 줄 알았지만 '내꺼'가 아닌 것들이 제게 말을 걸어오고 있었습니다.

저는 또 궁금해졌습니다.

언제나 가까이 있는 줄 알았지만, 막상 멀리 있었던 것이 무엇일까요. 흔한 일상이라고 여겼던 순간들이 어떤 날은 감당할 수 없는 감정으로 다가올 때가 있습니다. 사소한 사물에 불과하다고 생각했지만 다른 것으로는 그 가치를 대신할 수 없다는 것을 알아버릴 때가 있습니다. 먼지만큼 시시콜콜했던 일들이 소중하게 다가설 때, 우리는 그것들을 무엇이라고 불러야 할까요. 저는 인문학에서 그 답을 찾을 수 있다고 생각해 봅니다.

인문학은 전통적으로 '문사철(文史哲)'의 영역이었습니다.

문학, 역사, 철학이 구현한 고도의 이성과 지혜가 빛나는 분야입니다. 문학은 사람들의 이야기를 감동적이거나 정서적인 표현을 통해 서로에게 다가가 소통하려는 행위이지요. 역사는 인류의 흥망을 들여다보면서 사람을 이해하게 되는 관계의 학문입니다. 그리고 철학은 인간 문명이 발견하고 간직하고 있는 진리에 대한 끝없는 열정과 사랑입니다. 얼핏 생각하면 세 학문이 추구하는 방향성이 달라 보이지만 이들 사이에는 공통점이 있지요. 세 학문 모두 '사람'이 중심이라는 점입니다. 문학은 사람 사이의 소통을 지향하고, 역사는 과거로부터 사람들의 미래를 보려고 합니다.

철학은 사람이 살아가는 이 세계의 원리를 밝히려 합니다.

　인문학이 이루려고 하는 것은 결국 사람 사이의 관계 맺음이 아닐까요.
　인문학의 바탕에는 관계가 만드는 아름다움이 있습니다. 성숙한 사람일수록 관계에 대한 목마름과 결핍을 느낍니다. 더 나은 관계를 위해 더 넓게 보려 하고 더 깊게 알려고 합니다. '먹고 사는' 일에 꼭 필요하지 않은 데도 관계에 대해 갈증을 느낍니다. 세상은 아는 만큼 보이고 보이는 만큼 깊어집니다. 사람들뿐만 아니라 사물들 사이의 관계도 그렇지요. 더 중요한 것은 자신을 진정으로 이해하는 일입니다. 하지만 스스로가 아니면 해낼 수 없기에 가장 어려운 일이기도 합니다.

　인문학은 먹고 살기 위해 반드시 필요한 것은 아닙니다.
　있으면 좋지만 없어도 상관없는 대체재 같은 것이죠. 밥 없으면 라면 먹고, 그것도 없으면 빵이라도 먹으면 되는 게 삶이기에 인문학은 사치일 수도 있습니다. 하지만 인문학은 가려운 등허리를 긁어주는 다른 사람의 손일 수도 있고, 자신의 뒷모습을 볼 수 있게 해주는 격려일 수 있습니다. 갑자기 다가온 삶에 대한 물음에 대해 스스로를 이해할 수 있게 하는 시간일 수 있습니다.

관계는 사사로운 곳에서 만들어집니다.
골판지로 만든 종이박스에서도 관계를 들여다볼 수 있습니다. 씨줄과 날줄로 엮인 실 한 올에도 관계의 힘이 숨어 있을 수 있지요. 바람에 날리는 깃발에서도 관계의 힘을 느낄 수 있습니다. 어느 시골 마을의 나무다리 하나에도 삶이 깃들어 있고, 삶의 아름다움이 새겨져 있습니다.

이 책은 일상과 사물이 왜 관계에서 비롯할 수 있는지를 이야기합니다.
그 관계가 왜 사람들을 아름답게 만드는지, 그런 미세한 기미를 알아차리는 시선에 대해 이야기합니다. 더불어 관계가 우리 삶에 어떤 모습으로 스며드는지를 이야기합니다. 세상은 발견하는 자가 만들어 왔다고들 말합니다. 과학과 공학이 이룩한 위대한 업적도 결국은 '다르게 생각한' 사람이 이뤄온 것입니다. 그래서 말하고 싶습니다. 거창한 것만 인문학이 아니고 진심 어린 편지, 서툴지만 속마음을 어렵게 표현하는 전화 한 통일 수도 있다고.

《잘익은 토마토》라는 제목은 어찌 보면 인문학과 아무 관계없어 보입니다.

생뚱맞고 뜬금없는 수식과 단어의 조합입니다만 인문학이 어려운 학문의 영역만이 아니라는 뜻으로 붙였습니다. 자질구레한 일상과 사물에 대한 생각도 어떻게 하는가에 따라 사색이 되고 위로가 될 수 있음을 말하고 싶었습니다. 토마토가 빨갛게 익을수록 꼭지의 이파리도 더욱 푸르러집니다. 생각이 여물어 갈수록 삶의 생기도 조금 더 넘쳐나리라 믿습니다. 같은 생각도 어떻게 하는가에 따라 사색이 되고 위로가 될 테니까요.

위로에도 자격이 있겠지요.
제가 누군가에게 위로의 말을 건넬 자격이 있는지 고민이 많았습니다. 사람들의 관계는 어쩌다 생기는 것이 아니라 '만들어 가는 것'이 아닐까요. 사람 사이의 관계도 나무를 키우듯이 해야 하는 일입니다. 바람 잘 드는 터를 잡고, 물을 주고 햇볕이 잘 스며들도록 들여다보아야 하는 일입니다. 무엇보다 타인에 대한 관심과 사랑이 있어야 합니다. 교양과 지식도 관계 속에서 자라는 것이고, 성찰도 사람들 사이에서 의미를 만들어 가는 것일 겁니다.

생각의 가치는 타인과의 관계 속에서만 빛을 발휘합니다.

여기에 실린 글들을 통해 당신에게 따뜻한 위로와 격려의 한마디를 건네고 싶습니다. 그 진심을 전달하기 위해 좀 더 섬세한 언어와 시선이 필요했습니다. 그런 의미에서 이 책에 실린 모든 단어와 문장에게 감사드립니다.

2024년 4월 봄날

오형석

* 일러두기
본문에 인용한 영화, 음악, 시, 중편소설은 〈 〉로, 장편소설, 단행본은 《 》로 표기했다.

어느 길로 가야 할지 더 이상 알 수 없을 때
그때가 비로소 진정한 여행의 시작이다.

_ 나짐 히크메트(Nazim Hikmet, 1902~1963, 터키), 〈진정한 여행〉 중

차 례

여는 글 ··· 4

1부
실패한 사랑도 사랑이다
_ 미처 부치지 못한 편지들

01. 관계 ··· 16
02. 빨래건조대와 소금쟁이 ······················· 21
03. 직선과 곡선 ······································· 28
04. 서점 가는 길 ····································· 34
05. 낡은 사진책에 관한 기록 ···················· 41
06. 짜장면집과 빌딩들 그리고 호수 ··········· 47
07. 모슬포 편지 ······································· 55

2부
인문학카페에서 세상을 읽고 쓰다
_ 커피 잔에 담긴 사색과 성찰

01. 포기하지 마라, 그것이 실존이다 ············ 62
02. 군중, 공중, 대중, 민중은 어떻게 다른가 ······ 72
03. 고전이 된 소설의 첫 문장들 ··················· 83
04. 〈드래곤 길들이기〉와 〈어린 왕자〉 ············ 93
05. 당신의 아지트는 어디인가요? ················ 103
06. 욕망은 어떤 방식으로 모방되는가? ········· 114
07. 파토스, 에토스, 로고스를 읽다 ··············· 126

3부
시와 소설에서 '나'를 찾아가기
_ 시시콜콜한 일상일수록 깊어지는 상상력

01. 매미소리는 백일홍에 머물다 옥수숫대를 빠져나온다 ············ 138
02. 눈을 위한 세 가지 변명 ·· 146
03. 항아리에 갇힌 소년과 조숙한 소녀의 세상 대처법 ············ 156
04. '흰 바람벽이 있'는 '빈집'을 찾아서 ······································ 166
05. 사랑에 관한 두 가지 고백 ··· 180
06. '공간'과 '장소' 사이에서 집 찾기 ··· 190
07. 언젠간 사랑도 눈처럼 그치고 배처럼 밀려나리라 ············· 201

4부
작고 하찮은 것들을 위한 변명
_ 들어보았지만 아무도 설명하지 않는 세상 읽기

01. 천 원짜리 러브스토리 ·· 212
02. 불가능하다고? 아니, 사랑은 모든 걸 이겨내지! ················· 221
03. 동화책에서 읽는 신화, 전설, 민담 ······································ 233
04. 봄의 이면에 가려진 상처와 죽음에 관하여 ························ 246
05. 호박, 부추, 도토리묵이 시를 만날 때 ································ 258
06. 현재와 과거를 잇는 외나무다리 ··· 268

에필로그 ··· 275

실패한 사랑도 사랑이다
미처 부치지 못한 편지들

―――

돌이켜보면 후회는 항상 늦었고, 결심은 그 후회에서 비롯한 적이 많았습니다.

늦었지만 버릴 수 없는 존재들을 떠올려 봅니다.

인연을 맺어왔던 대상들에는 사람만 있었던 것이 아닙니다. 사물과 자연물도 있었고, 시간과 공간도 있었습니다.

삶의 배경이 되었던 이야기들을 미처 부치지 못한 편지에 옮겨봅니다.

관계

종이박스를 정리하면서 알았습니다.

포장박스는 골판지라고 부르는 것으로 만듭니다. 골판지는 두껍고 단단한 판지 한쪽 또는 두 장의 판지 사이에 물결 모양의 골이 진 종이를 붙인 것입니다. 충격이 가해지면 안에 있는 골은 외부의 충격을 흡수하며 물건을 보호하지요. 튼튼하고 무거운 박스일수록 종이의 겹은 많았고, 골은 더 깊었습니다. 얇은 골 종이들은 떨어지지 않기 위해 서로를 악착같이 붙들고 있었습니다.

종이박스는 '관계'입니다.

종이박스는 물건을 위해 기꺼이 제 몸을 네모반듯하게 접었습니다. 박스에는 물건만 담겨있는 게 아니었습니다. 박스는 '관계'를 품고 있었습니다. 그 안에는 저와 물건의 관계뿐 아니라 보내준 사람과 받는 사람의 관계가 들어있었습니다. 포장한 상태에서 이곳까지 오는 동안 그 관계를 지켜주느라 찢어지기도 했고, 꺾이기도 했습니다.

저는 종이박스는커녕 골판지만큼도 안 되는 사람입니다.

당신과의 사이에 거북한 감정의 겹들이 들어차는 것이 불편했던 적이 있습니다. 어느 순간에는 감정의 골이 깊어져 괴로워했던 적도 있습니다. 단조로운 생각과 시선을 벗어던지지 못하고 당신을 박스 접듯 했던 적도 있었습니다.

용서를 빌어야겠습니다.

골판지는 얇은 종이를 물결 모양으로 이어가면서 벌어진 사이를 메우고 있었습니다. 골이 깊고 두꺼울수록 관계는 더욱 단단해집니다. 더 나아가 꺾이고 접히면서 번듯한 종이박스를 만들어낼 수도 있습니다. 저는 왜 당신과 벌어진 틈을 좁힐 생각은 못 했을까요? 생각만 많았지 진짜 생각은 못 했던 결과이겠지요. 골판지도 헤아리는 진실을 저는 알아차리지 못했습니다.

지난여름의 일입니다.

주말농장에서 틈틈이 푸성귀들을 키우며 수확에 나섰던 적이 있었지요. 호미를 들고 밭일을 하다가 깊이 박혀 있던 돌부리에 호미 자루가 그만 빠져버리고 말았지요. 그때 슴베를 처음으로 보았습니다. 슴베는 칼이나 호미 같은 도구에 박혀 있는 손잡이를 말합니다. 길고 뾰족하며 쇳덩이로 되어 있죠. 슴베를 직접 쥐고서는 일을 할 수가 없어 사람들은 슴베를 나무로 된 자루에 박아서 사용합니다.

쇳덩이에도 뿌리가 있습니다.

칼이나 호미의 빛나는 겉모습을 위해 쇠붙이의 뿌리는 자신을 깊이 감춥니다. 금속의 뾰족함은 위험하기 때문에 호미나 칼을 만들 때 아주 깊숙이 슴베를 나무 자루에 박아둡니다. 슴베가 깊이 박힐수록 호미는 더 큰 힘을 냅니다. 그래서인지 슴베는 웬만한 경우가 아니면 볼일이 없는 물건입니다. 뿌리가 드러나는 순간은 위태롭기는 하지만 새롭게 시작할 수 있는 계기가 되기도 합니다. 호미도 그렇고 사람들의 관계도 그럴 때가 있지요.

나무와 쇠꼬챙이가 하나가 되면 쓸모 있는 도구가 됩니다.

서로 다른 성질의 물질들이 모여 더 나은 물질을 만들어 냅니다. 물질을 사람으로 바꿔 읽으면 사랑이 어디서 비롯하는지를 알 것도 같습니다. 새 호미를 들고 일을 많이 할수록 슴베와 나무가 더 깊이 엮이고 파고들어 안정적으로 자리 잡게 되지요. 사람의 관계도 마찬가지일 수 있습니다. 처음에는 익숙하지 않은 사이로 만나지만 자주 볼수록 관계는 깊어집니다. 가끔은 나무 자루에서 슴베가 빠져나와 헐렁해지는 경우도 있지요. 그때 사람들은 호미의 예리한 부분이나 칼의 날카로운 끝을 망치로 두들겨 슴베를 나무 자루 안으로 밀어 넣지 않습니다. 헐거워진 호미의 나무 자루를 잡고서는 바닥을 향해 내려치듯이 두들기며 조입니다.

사람들의 관계가 어떻게 좋기만 하겠습니까.

관계가 틀어져 상처가 드러날 때가 더러 있지요. 그럴 때는 슴베를 조이듯이 관계의 빈틈을 메워야 합니다. 느슨해진 관심을 더 팽팽하게 당겨야 합니다. 저는 그게 옳다고 생각합니다. 사이가 헝클어지고 얽혔다고 해서 서로의 상처를 더 후벼 파서는 안 될 일이지요. 나무 자루를 아래로 내려칠수록 슴베가 더 단단히 받아들여지는 것처럼 덜 날카로운 사람이, 비록 조금 더 아프고 고통스럽더라도 더 날카로워진 상대를 너그럽게 품어야 하는 게 옳은 일일 겁니다. 사람 사이에도 이치가 있다면 이런 모습들이 해당하지 않을까요.

며칠 전의 일입니다.

입고 있는 푸른색 니트에 실 한 올이 삐져나와 있었습니다. 어떻게 할까, 으레 그랬듯이 실을 들춰내고 가위를 듭니다. 말끔히 끊어내기 위해 올을 잡아당겨 봅니다. 멀쩡했던 니트의 옷감이 겁을 먹었는지 몸을 뒤로 움츠리더니 다른 실들을 붙들고서는 쪼그라듭니다. 실들도 혼자 있던 게 아니었죠.

관계는 힘의 원천입니다.

머리로만 알고 있던 씨줄과 날줄이 움직이는 모습을 직접 보는 순간입니다. 평범한 천 조각인줄 알았는데 평상시에는 드러나지 않던 옷감의 관계가 모습을 드러내는 아주 짧은 시간이었습니다. 가로축을 버티는 씨줄과 세로축을 이으며 단단하게 얽어내는 날줄의 조직은 힘을 넓혀 나갑니다. 점과 점이 만나 좌표를 이루고 한 지점이 다른 지점을 만나 선분을 이룰 때 공간이 나타납니다. 이 공리의 진실은 사람의 관계 맺음에도 적용되는 기본 원리입니다. 씨줄과 날줄이 만나 관계를 확장해 나갑니다. 힘이 관계에서 나온다는 사실을 또 한 번 느낍니다. 사랑도 힘이고 실패한 사랑에서 솟는 슬픔도 힘입니다. 당신과의 관계에서 힘의 실체를 알게 됩니다.

빨래건조대와 소금쟁이

하루를 '걸어 두는' 물건을 삽니다. 하루이어도 상관없고, 이틀이어도 상관없습니다. 이 물건 위에 무언가를 널어두는 일은 자신을 내보이는 일인 동시에 자신을 다시 들여다보는 일이기도 합니다. 그리고 어떤 부분이 얼마만큼 해지고 닳았는지를 보는 것은, 저와 얼마만큼 시간을 함께 했는지를 들여다보는 일이기도 합니다. 또한 닳았다고 해서 부끄럽거나 감출 일이 아닐 수도 있다는 걸 알아차릴 수 있는 일이기도 합니다.

새것이라고 해서 언제나 신선한 것만은 아닙니다. 오히려 새것이어서 불편하고, 정이 덜 가는 것도 있지요. 하루를 걸어두는 일은 생각하기에 따라서 흥미로울 수도 있는 일이지요.

당신은 어디에다 하루를 걸어두나요?

저는 오늘 새로운 마음으로 하루를, 일상을 널어두기 위해 빨래건조대를 새로 샀습니다. 이 건조대에 앞으로 무엇이 걸릴지 궁금합니다. 비루하고 하나도 나아질 것 없는 일상일 수도 있겠지요. 혹시 다른 것들이 걸릴 수도 있지 않을까요. 이를테면 빨아놓은 양말을 통해 제가 서 있던 곳들이 다시 햇빛을 받으며 위로받을 수도 있을지도 모르죠. 혹은 꼭꼭 감춰두었던 마음이 속옷을 통해 세상과 이야기도 하고, 바람 따라서 어디 소풍이라도 다녀올지도 모르지요. 오늘 빨래건조대를 새로 사며 새로운 생각도 샀습니다. 이 작은 물건 하나가 삶의 활력소가 될 줄은 몰랐습니다.

당신의 자리는 미리 정해 두었습니다.
은색 빛깔이 나는 'ㅈ'자 형태의 이 물건의 왼쪽 제일 앞자리는 당신의 자리입니다. 마음을 걸어둘 수 있다면, 당신의 자리는 햇살이 제일 잘 들고 바람이 가장 많이 통하는 자리여야 한다고 마음먹습니다. 그러므로 이 자리가 바로 당신의 자리입니다. 포장지를 벗기고 위치를 정하고 보니 왼쪽 가장자리가 제일 마음에 들었습니다. 뭘 걸어둘까, 생각하다가 아직 새것의 빛깔을 띠고 있는 왼쪽의 한 곳이 햇살을 받았는지 반짝이기 시작합니다. 아무렇게나 걸어두는 일이 언제인가는 일상이 되는 날이 오더라도, 이곳만큼은 비워두어야겠다고 생각을 굳힙니다.

반짝이는 순간의 빛깔이 생각을 바꾸기도 합니다.
당신을 떠올린 건 순전히 빛깔 때문입니다. 그러다 반짝이는 생각이나 기억들을 마땅히 둘 곳이 없었다는 데까지 생각이 미칩니다. 당신을 생각하는 일은 마음에 햇살이 잠시 들어차는 일이기도 합니다. 그런 시간은 주로 주변에 아무도 없거나 모든 일정이 마무리된 후였던 것 같습니다. 조용한 시간에, 조용한 공간에서 어떤 이를 생각한다는 것은, 자칫 쓸쓸하거나 외로운 일이 될 수도 있습니다. 저도 크게 예외는 아니어서 대다수의 시간을 그렇게 보낸 듯합니다. 빨래건조대를 사기 전까지는 생각하지 못한 일이었지만, 자리를 잡고, 어떻게 활용할지를 생각하는 그 짧은 동안에 여러 결정을 해봅니다. 사소한 것들이 주는 의미가 결코 사소하지 않다는 것을 또 한 번 경험합니다.

약하고 작은 지지대를 쓰다듬어 봅니다.
이 위에 걸리게 될 저의 일상은 다양한 모습일 겁니다. 어떤 날은 건조대 위가 빽빽하게 들어차게 되겠지요. 또 어떤 날은 감당하기 어려운 부피와 무게가 널릴 수도 있겠지요. 그렇지만 약해 보이는 이 두 갈래로 뻗은 다리는 충분히, 있는 힘을 다해 그 무게를 감당할 것을 저는 믿습니다. 삶의 어떤 순간이 예상치 못한 무게로 얹히는 순간에도 우리가 쉽게 무너지지 않듯이 말입니다. 다시 생각해보면 채 한 평이 안 되는 이 물건의 공간이 삶일 수도 있다는 깨달음이 옵니다. 어떤 날은 제 삶의 흔적이 축 늘어진 채 널려있다가도 어느 순간 반듯하게 펴지겠지요. 또 어떤 날은 살면서 묻은 때를 벗고 제 빛깔을 회복하기도 할 것입니다. 묵은 먼지를 벗고 지친 냄새를 떨구고서는 새로운 향기를 머금는 순간도 어느 날에는 이 공간 위에 반듯하게 있을 겁니다.

작지만 강한 존재들을 생각해 봅니다

빨래건조대를 들여다보면서 당신을 떠올린 것은 작고 약해 보이지만, 누구보다도 튼튼한 생각과 힘으로 세상과 맞서는 사람들이 생각났기 때문입니다. 많이 부대끼기도 하고 아프고 외로웠을 터인데, 사람들은 속으로 힘들었을지는 몰라도 겉으로는 잘 표현하지 않았습니다. 그 한 자리에 서 있는 당신을 떠올립니다. 마음의 짐으로 인해, 현실의 무게로 인해 어쩌면 휘어있을지도 모를 당신을 생각해 봅니다. 부러지지 않기 위해 애쓰고 있는 당신의 모습을 제가 떠올리면서, 건네줄 수 있는 것이 무엇일지 헤아려봅니다. 한 마디의 단어가 떠오릅니다. '위로'라는 말이 얼마나 도움이 될지는 모르겠습니다만, 작은 건조대 하나가 제게 위로가 되었듯이, 당신에게도 위로가 될 수 있는 일들이 생기기를 진심으로 바랍니다.

소금쟁이가 만드는 물결은 그의 한계가 아닙니다.

건조대를 깨끗이 씻는 중에 물방울이 튀어 오르면서 당신이 좋아하던 소금쟁이를 함께 떠올리게 합니다. 소금쟁이의 약하디약한 다리로 만드는 잔물결이 그의 모든 삶의 끝이 아니기를 바랍니다. 빨래건조대의 가는 다리들이 무너지지 않고 삶의 무게를 버티듯이, 소금쟁이의 다리들이 하루 종일 만들어내던 그 물결은 그의 삶의 끝이 되어서는 안 되지요.

궁금합니다. 물결은 어디에 가닿으려고 그렇게 지치지도 않고 번져갔던 것일까요? 한없이 긴 시간을 기다려 소금 한 덩이를 얻듯이, 소금쟁이는 물결을 셀 수도 없이 만들고는 했지요. 소금쟁이는 하나의 동심원을 이루기 위해 몸의 힘을 완전히 실어 뜀뛰기를 합니다. 그리고는 잔물결이 닿는 물웅덩이의 가장자리를 지긋이, 한동안 쳐다보는가 싶다가도 어느새 다시 동심원의 물결을 만들기 위해 몸의 힘을 모아 호흡에 실어 뜀뛰기를 합니다. 더 멀리 닿으려 해도 더 이상 퍼져나가지 않는 웅덩이의 경계를 지켜보면서, 소금쟁이는 어느새 자신의 다리에 묻은 물기를 말리고는 다시 물속으로 뛰어듭니다.

"세상에서 가장 부끄러운 고백일지도 모르겠어."
언젠가 소금쟁이를 보며 당신이 했던 말을 떠올려봅니다.
"말도 못 걸고 다가가지도 못해 그저 슬쩍 지나치듯, 다리 하나를 흔들어 웅덩이에 파문을 하나 내보는 것. 그런 것도 사랑이 아닐까?"
당신이 안타까운 듯이 말했었죠. 소금쟁이의 작은 한마디의 파문은 가늘지만 또렷한 목소리로 물웅덩이 끝을 찾아 나서고 있었습니다.
"어떡하나?"
방해하지 않으려고 당신이 조용히 속삭였지요.
두근거리는 고백을 받아줄 다른 소금쟁이는 웅덩이 어디에도 없는데, 기척도 없는 짝을 찾으려는지 소금쟁이는 계속해서 동심원을 그리고 있었지요. 해는 지는데, 집에도 못 가고 같은 자리만 맴도는 소금쟁이를 당신은 한동안 들여다보고 있었습니다. 당신은 그것도 사랑이라고 했지요. 그렇다면 건조대에 햇살이 드는 순간을 핑계로 잠시 당신에 대한 생각이 반짝이는 것도 사랑이라고 할 수 있을까요?

  작은 물건 하나가 생각을 키워냅니다.
  물웅덩이의 생각이 번지고 번져 언젠가는 다른 소금쟁이에게 생각이 전해지듯이, 우리가 어디에서 서로의 시간을 살아가고 있더라도, 저의 오늘 생각은 당신에게로 가닿을 거라고 확신합니다. 빨래건조대를 다시 쳐다봅니다. 이 작은 부피의 물건이 앞으로 저의 생각을, 하루를 지탱할 것을 생각해 봅니다. 삶은 참 살아 볼 만한 일입니다. 가끔 휘청거리고 쓰러질 듯하더라도 말이지요.
  그래서 저는, 지금 제 옆에 없지만 언제인가 우리가 바라보던 그 소금쟁이처럼 당신에게 다가가려 물결을 일으켜 볼 예정입니다. 혹여 닿지는 않더라도 무의미하지는 않을 것이라 믿어 의심치 않기 때문입니다.

잘익은 토마토

직선과 곡선

　북한산 대남문까지 산행을 마치고 카페에 들어왔을 때는 본격적으로 빗방울이 듣기 시작했습니다. 비에 젖지 않았다는 안도감도 잠시, 생각들이 빗방울을 따라 흐릅니다. 오후에 혼자 오르는 산은 많은 생각을 남깁니다. 호젓한 산길의 그 구부러진 길을 따라 걷다보면, 제가 산을 찾는 이유를 다시 새기게 해줍니다.

　산은 천천히, 깊이 들어가라고 말합니다.
　직선거리로 따지면 얼마 되지 않을 수도 있는 거리를, 산길은 결코 성급하게 펼쳐 보이지 않습니다. 고개를 들어보면 금세 오를 수 있는, 얼마 되지 않는 거리를 산은 굳이 에둘러 돌아가게 합니다. 급하게 가지 말고 천천히 걸으며 가보라는 것이지요. 산길은 제 몸 스스로 깊어지며 서서히, 서서히 어느새 하나뿐인 정상에 몸을 올려놓습니다.
　고민의 출발이 언제나 하나이듯 고민의 끝도 언제나 하나입니다. 산의 정상이 언제나 하나이듯이 말입니다.

당신은 제게 결국은, 기다림이었습니다.

당신을 생각해 봅니다. 딸꾹질처럼, 어깨 결림처럼, 무방비상태의 저를 향해 어디선가부터 걸어오고 있는 당신을, 저는 엉켜버린 실타래의 실마리를 풀듯이 헤아려보고 있습니다.

불편한 자세로 잠을 자고 일어나면 느닷없이 허리통증이나 묵직한 어깨 결림이 생길 때가 있습니다. 몸 속 어딘가에 외면당하고 있던 근육이 소리를 내며 자신을 알리는 거라고 생각한 적이 있습니다. 어떤 공간에 왔을 때 불쑥 떠오르는 생각들도 그런 종류의 것들이겠죠. 제 몸, 혹은 정신의 어느 곳에 침묵하고 있다가 '여기 나도 있으니 날 좀 봐줘!'라고 말을 건네는 제 삶의 흔적들입니다.

딸꾹질이 그러하듯, 이런 생각에 휩쓸리면 한동안은 다른 것을 할 수가 없습니다. 조용히, 그리고 아무 일도 없었다는 듯이, 그것들이 스스로 물러날 때까지 저는 기다려 주어야만 합니다. 당신에게도 저는 그랬어야 했습니다.

당신의 기억은 시간을 먹고 자랍니다.

카페 안의 사람들은 아무도 말이 없고, 크게 몸을 움직이지 않으며, 다른 이에게 시선조차 보내지 않습니다. 혼자 앉아 스마트폰을 보거나, 이어폰과 연결된 노트북을 응시하면서 정물처럼 앉아 있습니다. 누군가 말이라도 걸어오면 '나는 지금 절박하게 내 시간이 필요하니 제발 관심을 거두어주시오'라고 말을 할 것처럼, 사람들은 온몸으로 생각을 표현하고 있습니다. 한편으로는 조용하고, 한편으로는 외롭습니다. 꽤나 넓은 공간이 사람들 하나하나의 침묵으로 경계가 구분됩니다.

밖을 무턱대고 바라보는 것.
타인의 시간을 방해하지 않고 저의 시간을 온전히 즐겨보는 것도 그리 나쁜 일은 아닙니다. 그것이 관찰이 되었건, 응시가 되었건, 혹은 무념의 시간 버리기가 되었건 말입니다. 생각도 버리고 비울 때 다시 자라는 것을 알게 되지요. 어쩌면 당신에 관한 기억은 이런 시간을 먹으며 자라고 있던, 제 몸 속에 있는 근육과 같은 건지도 모릅니다.

직선의 힘보다 튼튼한 것이 곡선의 반복입니다.
빗물이 유리창에 부딪치는 순간을 바라봅니다. 지상을 향해 내리칠 때는 직선으로 다가오더니 유리에 내려앉는 순간, 방울의 형태로 곡선을 그리며 창문을 타고 내립니다. 직선이 개인적 추구와 자기 선택을 지향하는 욕망의 언어라고 한다면, 곡선은 걸어온 길을 다시 돌아보는 성찰의 언어입니다. 산길을 올라가면서 호흡이 가빠지는 것은 더 높이, 더 빨리 오르려는 직선의 생각이 몸 밖으로 드러난 것입니다. 반면 산을 내려올 때 느끼는 여유와 편안함은 확실히 곡선의 모습을 닮아있습니다. 직선의 추구가 높이에 닿아있다면 곡선의 추구는 폭과 너비에 펼쳐져 있습니다. 그래서 높이 올라가기만을 원하는 사람은 가파르게도 추락할 수 있지만 곡선의 떨어짐은 완충지대가 생기는 것이겠죠. 이럴 때 곡선은 휘어짐으로 인한 일탈이나 실패를 의미하지는 않습니다. 오히려 더 단단한 중심을 만들기 위해 언저리를 계속 매움으로써 보다 튼튼해지는 것이지요.

당신과 제가 처음 만나던 순간을 떠올려봅니다.
따지고 보면 우리는 직선과 직선으로 만났지요. 당신이 가지고 있던 이 불온한 세상에 대한 명확한 가치관은 분명히 직선의 모습이었습니다. 저를 돌이켜봅니다. 그때의 저는, 확실히 누구보다도 직선을 닮아있었습니다. 굽힐 수 없다는 자존심과 물러설 수 없다는 절박함이 만든, 날카롭고 상처를 내게 하는 금속성의 직선, 그것이 저의 모습이었습니다.

유리창에 흐르는 비는 사람을 돌아보게 합니다.
유리창을 바라보다 잊고 있던 진실을 다시 떠올립니다. 유리창은 단절과 매개의 이중적 속성을 가집니다. 밖과 안을 구분함으로써 단절의 의미도 있지만 투명하기 때문에 안과 밖을 들여다볼 수 있다는 점에서는 매개이기도 합니다.

직선과 직선의 만남은 결국 어긋나게 되어 있지요.
반면 곡선은 경계가 뚜렷하지 않은 모습으로 서로 섞이고 엉켜 한 덩이로 뭉쳐집니다. 흩어지며 따로 가는가 싶더니 조금 더 아래로 내려와서는 어느새 다시 뭉쳐있습니다. 경계와 경계가 무너지며 이내 새로운 경계를 만드는 물방울을 보며 저는 만남과 헤어짐이라는 우리의 삶을 지금 보고 있습니다. 직선의 빗줄기와 곡선의 물방울은 우리의 사랑을 참 많이 닮아있습니다. 처음 만나는 순간은 쉽게 기억되는 데 비해 이별의 경계는 명확하지 않지요. 어느 순간부터 균열이 생기고 엇갈리기 시작했는지, 아무리 생각해도 쉽게 찾을 수 없었던 이유를 유리창을 보며 느낍니다. 이 아둔함과 어리석음 앞에 저는 또 한 번 고개를 떨구고야 맙니다.

혹여나 당신을 다시 만난다면, 송곳 같은 직선의 모습이 아니라 서로가 서로를 찌르는 일이 없는, 둥글게 안으로 서로를 켜켜이 채워가는 곡선으로 만나기를 바랍니다. 아니, 당신이 설사 직선으로 다가온다 하더라도 제가 곡선으로 당신을 너그럽게 껴안을 수 있기를 바랍니다.

당신이 있을, 어디인지 모를 곳에서도 비가 내린다면 천천히 시간을 닦듯이 유리창을 지켜보시기 바랍니다. 그러면 저와 같은 생각을 하실 것으로 믿습니다. 그렇습니다. 헤어진다는 것도 결국은 엇갈림입니다. 그러나 엇갈린 것들은 언젠가 다시 만나게 되겠지요. 마치 직선과 곡선의 영원한 변증법처럼 말입니다.

잘익은 토마토

서점 가는 길

그 길이 사라졌습니다.

분명히 사라진 것은 어떤 공간이지만 저는 길이 사라졌다 말할 수밖에 없습니다. 공간에 대한 기억은 길이라는 매개가 없이는 불가능하다고 생각하기 때문입니다. 그 길을 거쳐야만 비로소 그 공간에 도착하는 거니까요. 더 중요한 것은 그 공간이 없어짐으로써 그곳으로 발걸음을 끌고 다녔던 그 시간도 없어질 수 있다는 사실입니다. 그 시간이 이제 머물 곳이 없어진다는 의미이니까요.

어떤 생각이나 상황에서 그곳이 언급될 때 그 시간이 함께 소환되는 것은 그곳에 그 시간이 머물러 있었기 때문입니다. 그곳까지 가는 동안의 기억과 즐거움은 길 위에 놓여 있었기 때문입니다. 어떤 공간이 없어진다는 말에는 여러 기억과 흔적이 서서히 멀어지는 일이 함께 일어난다는 뜻이 포함되어 있습니다.

프리지아가 봄을 알린 것도 그 길이었습니다.

리어카에 몇 단씩 몸을 묶어 노랗게 우리에게 다가온 봄을 알려준 것도 그곳으로 가는 길이었습니다. 가을을 떠올리면 가장 먼저 생각나는 것이 그 길 주변을 물들이던 은행나무의 행렬이었습니다. 바람에 이따금씩 이파리들이 떨어지던 장면이 떠오릅니다. 그 길 위에서 당신을 만나는 약속을 잡았고, 그 길을 당신과 걸었습니다. 그리고 당신과 그 길 위에서 헤어지기도 했습니다.

이제 그 길은 없어졌습니다.
도로가 사라진 것은 아닙니다. 그곳으로 향하던 사잇길이 사라진 것도 아닙니다. 주변의 모든 풍경은 거의 변하지 않았지만, 겨울옷의 앞섶을 채우려는데 지퍼가 갑자기 고장 날 때처럼 그곳만 사라졌습니다. 어느 날부터 동네에 소문이 돌고, 정말 플래카드가 붙더니 거짓말처럼 사라졌습니다. 그곳이 있던 건물이나 골목이 사라진 것이 아니기 때문에 저는 '그곳으로 가는 길'이 사라졌다고 전할 수밖에 없습니다. 그곳으로 가는 길과 지하로 내려가던 계단들의 모습들, 입구의 독특했던 유리문의 형태는 아직도 선명합니다.

흔적들은 제가 가지고 있는 책에도 고스란히 남아 있습니다.
우리는 같은 습관을 가지고 있지요. 책을 사면 그 책 첫 페이지를 덮고 있는 내지의 흰 여백에 책을 산 날짜와 시간, 장소, 그날 날씨에 대한 간략한 메모를 해두었지요. 당신과 함께 산 책들을 책꽂이에서 훑어봅니다. 《이기적 유전자》, 《실패의 향연》, 《희망의 인문학》, 《영화관 옆 철학카페》, 《윤동주 시선집》, 《허삼관 매혈기》, 《대장장이와 연금술사》, 《모내기 블루스》, 《헤르메스의 기둥》 등 여러 종류의 기억이 책의 이름이나 표지의 색깔만큼이나 다양하게 떠오릅니다.

그때 당신이 시 한 편을 골라 제가 산 책 앞장에 써 준 기억이 나는지요?

당신이 시를 옮기며 말했지요. 길에 관해서 가장 좋아하는 시라고 말이지요. 글씨를 읽으면 그 사람의 음성이 살아납니다. 글자와 글씨가 다른 이유가 거기에 있겠지요. 도로와 길이 다른 이유도 마찬가지이지 않을까 싶습니다. 길에는 흔적이 있고, 기억의 여백이 남아 있지요. 당신을 만나러 가기 위해, 사라진 그곳에 도착하기 위해 그 길을 걸었듯이 기억 속의 글씨를 꺼내 읽습니다.

가장 훌륭한 시는 아직 써지지 않았다.
가장 아름다운 노래는 아직 불리지 않았다.
최고의 날들은 아직 살지 않은 날들.

가장 넓은 바다는 아직 항해되지 않았고
가장 먼 여행은 아직 끝나지 않았다.
불멸의 춤은 아직 추어지지 않았으며
가장 빛나는 별은 아직 발견되지 않은 별.

무엇을 해야 할지 더 이상 알 수 없을 때

그때 비로소 진정한 무엇인가를 할 수 있다.

어느 길로 가야 할지 더 이상 알 수 없을 때
그때가 비로소 진정한 여행의 시작이다.
　_ 나짐 히크메트(Nazim Hikmet, 1902~1963, 터키), 〈진정한 여행〉

　길은 여러 가지가 있지요.
　처음 가는 길이 있는가 하면, 늘 다니는 익숙한 길이 있습니다. 갈림길도 있지요. 처음 가는 길은 두려움과 함께 설렘이 있습니다. 익숙한 길에는 편안함과 여러 기억이 함께 합니다. 처음 가는 길 위에서 당신은 설렘을 느낀다고 한 적이 있죠. 어디인지는 알지만 한 번도 가보지 못한 길을 걸어갈 때, 우리는 여행이라는 이름을 붙이고는 합니다. 머릿속에서는 이미 알고 있는 곳을 발걸음이 직접 찾아 나설 때의 들뜸은 기분 좋은 긴장입니다. 생각과 몸이 한곳으로 쏠릴 때, 길은 그 위에 기억이라는 흔적을 남깁니다.
　그 처음의 길이 단순히 새로운 곳을 구경하러 가는 길은 관광이라고도 합니다. 반면 여행은 다른 목적을 가질 때도 있죠. 자기를 다시 들여다보기 위해서나 다른 이의 이야기를 제 몸에 새겨 넣기 위해 낯선 길을 떠나기도 합니다. 그 길의 끝이 서로 다른 방향을 가리킬 때, 어느 길이 내가 가야 할 길인지 선뜻 떠오르지 않을 때, 그 갈림길에서 당신은 제게 말했죠. 길이 끝나는 곳에서 진짜 길은 시작되기도 한다고 말입니다.

  길이 아닌 곳은 없습니다.
  벽도 길이 됩니다. 개미 몇 마리가 담장을 올라가는 것을 보고 있으면 길이 없는 곳은 없다는 것을 알게 됩니다. 사람의 일방적인 시선은 항상 고정된 방향성을 가질 뿐이지요. 개미의 입장에서 세상을 볼 수 없기 때문입니다. 어디서 누구의 입장에서 보느냐에 따라 벽이 되기도 하고, 길이 되기도 합니다. 그곳으로 가는 길은 사라졌지만, 기억이 있는 한 모든 길은 그곳으로 가는 길이라고 믿습니다.

  그곳을 찾는 일은 제게 짧은 여행과 같았습니다.
  하지만 당신은 이제 제 옆에 없고, 그곳도 얼마 전에 사라져 버렸습니다. 가끔씩 이파리들이 바람에 쏟아지는 순간에 내는 소리를 따라 당신의 이름을 불러보곤 합니다. 그곳의 이름도 당신의 이름과 함께 불러야 할 시간이 올 것입니다. 그만큼 많은 추억과 흔적이 남아 있는 곳이었습니다. 가을에는 낙엽들을 밟는 소리로 기억이 날 것이고, 봄에는 꽃들의 냄새로 다시 살아나겠지요. 유리문을 열고 들어가면 은은히 스며들던, 그 특유의 조명이 불현듯이 떠오를 겁니다. 오늘은 마지막으로 그 장소를 찾아 길을 나서볼 생각입니다. 그 앞에서 조용히 당신의 이름을 불렀듯이 나지막하게 그 이름을 불러보아야 하겠습니다.

'불광문고'(1996~2021)[1]

이제 가을이 지나가는 길 위에 그곳은 제게 영원히 하나의 풍경으로 남습니다. 풍경에는 정해진 시간이 없기에 사라진 해는 따로 표기하지 않겠습니다.

생각해 보면 누구에게나 '그곳'은 한 군데쯤 있지 않을까요. 당신에게 그곳은 어디인가요?

---

[1] 1996년 서울시 은평구 불광동에서 개업해 대표적인 지역서점이었지만 2021년 9월 5일 문을 닫았다.

낡은 사진책에 관한 기록

  여기 특별한 사진책, 한 권이 있습니다.
  모두 사진첩이나 앨범이라고 부르는 것을 굳이 사진책이라고 부르는 데는 나름의 이유가 있습니다. 어릴 때의 사진이 거의 없는 저로서는 이 작은 책자 안에 꽂혀 있는 열 장 남짓 되는 사진들에 잊을 수 없는 기억이 깃들어 있기 때문입니다. 몇 장 되지 않기 때문에 그만큼 소중한 것이지요. 한 페이지씩 넘기다 보면 옛 기억들이 살아나 이야기책을 읽는 느낌을 주기도 합니다. 사진은 현재를 찍는 것이기도 하지만 어느 미래에는 기억으로 떠오를 '과거'를 찍는 것이기도 합니다. 누구나 사진을 보면서 그 당시의 기억을 떠올리겠지만 제게 어릴 적 사진은 좀 특별합니다. 그래서 이 책의 지은이는 '시간'이며 페이지마다 활자화된 사진들이 한 편의 소설처럼 이야기들을 들려준다고 생각을 해보는 거지요.

  고등학교 1학년 겨울에 살던 집에 큰 화재가 났습니다.
  전소(全燒)라는 무시무시한 단어를 그 무렵에 알게 되었지요. 불길이 모든 것을 태운 이후에 소방차가 쏟아부은 물더미가 그나마 남아 있던 것들을 휩쓸어 갔을 때 저는 보았습니다. 불과 물이 한 곳에 뒤엉켜 죽기 살기로 힘겨루기를 한 자리가 얼마나 참혹한지를 말입니다. 불은 형체를 가진 살림살이들을 무너뜨리고 못 쓰게 만들어 절망이라는 감정을 만들어 내지만, 물은 타버린 것들을 다시 한번 휩쓸어 버림으로써 마지막 희망마저 체념하게 합니다.

그때 기적처럼 살아남은 몇 가지 안 되는 물건 중의 하나가 이 사진책입니다.

책에는 아직도 지워지지 않는 그을음이 남아 있습니다. 사람의 상처는 딱지가 떨어지면서 흉터로 남지만 기억의 상처는 시간이 지날수록 몸집을 키워 커다란 낙인을 남깁니다. 몇 번의 악몽을 꾸고 도망 다니듯이 이삿짐을 묶고 풀었습니다. 가까스로 제 마음에서 그 불이 진짜로 꺼지고 나자, 이번에는 약속이나 했다는 듯이 식구들이 흩어졌습니다. 누구는 결혼을 하면서 집을 떠났고, 누구는 너무 아까운 나이에 땅에 묻히면서 집을 떠났고, 또 누구는 일자리를 찾아 나서면서 집을 떠나갔습니다. 화염이 집을 집어삼켰듯이 허름하지만 함께 모여 살았던 식구들과 헤어지면서 저의 소박한 행복도 깨어지고 말았죠.

한동안 문학이 저를 구원할 수 있을 것이라고 믿었습니다.

그래서 억지로라도 희망을 잡아보려 했습니다. 몇 군데 종교시설을 다녀보기도 했지만 신을 믿기에는 저의 절망이 너무 깊었습니다. 너무 크거나 작은 옷을 입을 때 느끼는 낭패스러움이 세속화된 신전에 들어설 때마다 느껴지곤 했죠. 조용했지만 마음 깊은 곳으로부터 터져 나오는 파괴적 상황에 대한 질문에 신은 답을 주기보다는 침묵했고, 종교인들은 성실하게 신을 믿을 것을 주문했습니다.

그러기에는 제가 품었던 세상에 대한 의문은 너무 절박했었지요.

저는 적고 또 적었습니다. 궁금한 모든 것에 대하여 사진을 찍듯이 쓰고 또 쓰려고 노력했습니다. '이 세상을 믿지 말자.' 뱀의 혀처럼, 악마 같은 불길의 주둥아리처럼, 차가운 물벼락의 몸뚱어리처럼 나의 모든 것을 언제 또 앗아갈지 모른다는 두려움과 공포가 가득했습니다. 보이는 것들과 아직 드러나지 않았지만 반드시 나타날 희망을 기억하기 위해 쓰고 또 쓰곤 했지요.

문학을 하고 싶어 열병을 앓으며 십대를 보냈습니다.

운이 좋아 시인이 되었지만 문학에 대해 어떤 날은 시큰둥한 반응을 보이는 사람이 되고 말았습니다. 문학의 언어는 수줍은 듯이 고개를 숙이기도 하지만 펄떡펄떡 살아 꿈틀거리는 삶의 치열함을 뜨겁게 뿜어내야 합니다. 사랑이 영원할 거라며 부드럽고 달콤한 속삭임으로 이성을 마비시키기도 하지만 사랑이 떠난 자리에서는 인간이 얼마나 흉물스러운지 얼굴색 한 번 안 바꾸고 어깃장을 놓을 수도 있어야 합니다. 때로는 칼날보다 날카롭고, 작두보다 서슬 퍼런 직설의 침을 지리멸렬한 삶의 허리춤에 뱉을 수도 있어야 하지요.

문학의 문장에는 주어와 서술어만 있는 것이 아닙니다. 위선의 밑바닥이 있고 위악과 풍자의 조롱 앞에 홀딱 벗고 난감해하는 삶의 초라함이 깃들어야 하죠. 그런 수준의 글을 쓸 수 없다는 사실을 알아차리는 일은 무척 난감하고 슬픈 일입니다. 이제는 그 열병의 감각도 무뎌져 그렇게 크게 슬퍼하지도 않게 되었지만 그건 어디까지나 제 개인의 문제이지 문학의 문제는 아닙니다.

지금 제 앞에 노래와 이야기가 있는 책이 한 권 있습니다.
그리고 이 책은 특별한 능력이 있습니다. 책은 판타지 영화에 나오는 마술책처럼 신비한 마법을 부리곤 합니다. 비가 내리는 가을 저녁에 이 책을 펴 들면 책은 곧 시집이 됩니다. 지나쳐 버린 삶의 순간들을 고통스럽게 읊조리곤 하지요. 기형도 시인의 시집 《입 속의 검은 잎》의 그로테스크한 목소리는 이 책에 비하면 행복한 비명에 지나지 않습니다.

또 어떤 날의 이 책은 노래가 되기도 합니다.
'너무 아픈 사랑은 사랑이 아니었음'을 읊조리는 김광석의 목소리는 책의 한 페이지, 그러니까 어느 사진의 배경음악처럼 들려옵니다. 그런 날이면 저는 술을 몇 잔 마셔봅니다. 술잔에는 어린 시절의 아름다웠던 기억들을 떠올려보기 위해 안간힘을 쓰는 촉촉한 눈동자가 스며듭니다. 노력은 물거품이 되곤 하지만, 이제 저는 그 순간이 마냥 싫지만은 않습니다. 그렇다고 행복했다고 말할 순간을 찾아내기는 여간 어려운 게 아닙니다. 그럼에도 불구하고 고통도, 슬픔도 모두 저의 일부라는 사실을 다시 깨닫습니다. 그나마 그런 순간을 기록한 몇몇 순간이 사진이란 이름으로 몇 장 남아 있는 것에 대해 다행스러워 하지요.

   어떤 페이지에는 몇 개의 문장들이 적혀있기도 하지만 그것들은 대체로 시들어 버린 히아신스처럼 너무 메말라 손으로 만지면 곧 부서질 듯합니다. 향기가 사라진 꽃에 벌과 나비들이 더 이상 날아들지 않듯이 몇 개의 문장들에서는 이제 그때의 열정은 느껴지지 않습니다. 이를테면 '삶은 얼마나 멋지고 경건하고 아름다운가'라고 적혀 있는 문장은 사춘기의 치기와 막연한 낭만에 편향되어 있어 지금의 저와는 거리가 멀어 보입니다. '내면의 목소리에 귀를 기울여라' 같은 말은 그저 겉멋에 열중하던 한때의 제 모습이 잠깐 기억나게 할 뿐이죠.

   생각에도 유통기한이 있다는 것을 이 책을 볼 때 느낍니다. 시간이 흐른 만큼 생각이 달라진 것은 당연한 것이겠지요. 나이는 먹는 게 아니라 익어가는 것이라는 말을 저는 참 좋아합니다. 앞으로는 그렇게 시간이 저에게 다가왔으면 좋겠습니다.

   제게 이 책은 일종의 병이면서 약이기도 합니다.

공간과 피사체를 찍은 사진은 시간을 배경으로 할 때만 기억을 완성할 수가 있습니다. 과거에서 호출되어 재구성된 기억은 그때로 다시는 돌아갈 수 없기에 사진 속 시간을 더욱 안타깝게 만듭니다.

더욱이 행복한 기억이 부재한 사진과 이야기들은 고통스럽습니다. 그러나 그 고통의 기억을 다시 경험하지 않겠다는 의지가 있다면, 삶은 아프기 때문에 더욱 아름다울 수도 있습니다. 당신에게 기억은 어떤 모습일지 궁금합니다. 하지만 그것도 결국은 돌아갈 수 없다는 이유만으로도, 그저 비루한 궁금함일 뿐입니다.

짜장면집과 빌딩들 그리고 호수

동네에 눈길을 끄는 식당이 있습니다.

제가 이사 온 지가 10여 년쯤 되니까, 이 식당은 자영업의 평균 영업 기간과 비교해 보더라도 꽤 오랫동안 자리를 지킨 곳입니다. 중국음식점이 흔히 그렇듯, 이곳도 외관은 비슷합니다. 대여섯 개로 구분된 유리문이 메뉴판처럼 펼쳐져 있고, 그 위로는 붉은 차양이 식당의 출입문을 알려줍니다. 문을 열고 들어서면 붉은색의 카펫이 바닥에 깔린 이 작은 식당에서는 중국 음식을 팔고 있습니다. 동네 골목의 '짜장면집'이 그렇듯이 이 집도 짜장면과 짬뽕을 대표적인 메뉴로 탕수육, 양장피, 깐풍기 등이 유리창을 메뉴판 삼아 새겨져 있습니다.

'홀에서 드시면 2,000원.'

이 식당이 희한해지기 시작했습니다. 정확히 어느 날부터였는지는 모르지만 대략 삼 년 전쯤부터였을 겁니다. '코로나'로 식당이 잘 유지되지 않았던지 짜장면 가격을 대폭 깎아 팔기 시작했습니다. 몇 번 사 먹으면서 저는 지독히도 얄팍한 호기심을 가지게 됐습니다. 원래 가격인 4,500원과 2,000원의 차이를 분석하기 시작한 거죠. 재료부터 양과 맛, 가격이 어떤 품질의 차이를 보이는지 의심하기 시작한 겁니다. 그런 이유였는지 멀쩡한 짜장면 맛이 뭔가 바뀐 것 같았습니다. 가격을 낮추었으니 양과 재료가 줄어든 것은 어찌 보면 당연한 일인데도 제 못된 호기심이 멀쩡한 음식 맛까지 망치고 말았던 것이죠. 아는 주민들 사이에서 식당에 대한 유쾌하지 못한 소문이 돌기 시작한 것도 그쯤이었을 겁니다.

한동안 그 식당을 찾지 않았습니다.
그러다 얼마 전에 그곳을 지나다 보니 식당은 전혀 다른 외양을 하고 있었습니다. 열 평 남짓한 식당을 반으로 쪼개어 버린 겁니다. 한쪽은 짜장면집을 운영하면서 다른 한쪽은 해장국과 안주를 파는 실내포장마차로 바뀌어 있었죠. 두 개의 공간을 구분하는 것은 대나무로 만든 긴 발이었습니다. 반값도 안 되는 짜장면을 내놓았던 주인의 절박한 마음을 알면서도 몇 그릇 팔아주지도 않던 주제에 막상 식당이 다른 모습으로 바뀌자 어딘가 허전하고 아쉬움이 느껴졌습니다.

식당이 변화하는 모습은 우리의 모습이기도 합니다.
10년간 지켜본 식당이 변화하는 모습을 확인하고 돌아서는 발걸음에 쓸쓸함이 남았습니다. 처음 자영업에 뛰어들었던 주인장의 패기와 숙련의 시간이 변질되고 무너지는 게 보였기 때문이지요. 우리 사회가 변화하는 한 모습이 응축되어 있어 마음이 몹시

불편했습니다. '자본주의가 다 그렇지, 뭐'라고 편하게 치부하기에는 안타까운 생각을 버리기 어렵더군요. 우연히 목격한 담배를 피우고 있는 식당 주인의 모습은 인상적이기도 했지만 무척 철학적으로 보이기까지 했습니다. 뜬금없는 철학 타령이라고 할지도 모르나 철학이란 게 꼭 알아듣지 못하는 두꺼운 서적 안에만 있는 건 아닐 겁니다. 어떤 두꺼운 철학 서적의 인생론보다도 주인아저씨의 생각의 골은 깊어 보였습니다.

식당 주인의 무표정한 얼굴을 한동안 보게 됩니다.
고심 끝에 가격을 내리고, 그것마저도 여의찮아 가게를 반으로 쪼개기까지 괴로운 시간을 경험한 것은 어쩌면 이 식당만이 아니었을 겁니다. 수익을 더 창출하려는 식당 주인의 욕구를 부정하거나 탓할 수는 없습니다. 지나치게 탐내거나 더 많은 것을 누리고자 했던 욕심은 아니기 때문이죠. 그건 그냥 욕망입니다. 좀 더 잘하고 싶다는 욕망. 자기애를 가진 인간이라면 누구나 가지고 있는 본연의 감정입니다.

근대 합리주의 철학자인 스피노자(Baruch Spinoza, 1632~1675)가 인간의 욕망에 대해 설명한 적이 있습니다.
서구 철학에서 수천 년에 걸쳐 논의되어 온 것이 이른바 '코나투스'입니다. 이 말은 사물이 자기 존재를 보존하려는 경향이나 태도를 뜻합니다. 스피노자는 유기체뿐만 아니라 무기체까지도 이런 경향을 가진다고 보았습니다. 형태를 지닌 모든 존재에게 코나투스가 있다는 것이죠. 그는 인간의 코나투스, 즉 자기 보전을 위한 욕망을 세 가지 층위로 구분합니다. 존재를 유지하려는 노력이 정신적인 측면에서 표현되는 것을 의지라고 불렀죠. 정신과 육체 모두에서 이러한 노력이 나타나는 것을 욕구라고 정의했습니다. 그리고 욕망은 자기보존의 노력이 본능적 차원에만 머무는 것이 아니라 자기 보존을 하기 위해 의식적으로 노력하는 것으로 보았습니다.

스피노자에 따르면 인간은 욕구를 가진 존재입니다. 배고프면 밥을 찾고 추우면 옷을 껴입는 행위는 본능적인 욕구입니다. 그 욕구를 넘어서는 존재 보존이 의식적으로 드러나는 것이 욕망입니다. 욕망이 변화할 수 있는 것도 타인과의 관계에서 이루어집니다. 결국 코나투스는 존재가 좀 더 나아지기 위한 선택인 것이죠. 제가 식당 주인의 표정에서 읽은 것은 더 나은 삶을 찾으려고 하는, 모든 존재의 코나투스였습니다.

국어사전에서는 욕망을 무엇을 간절하게 바라고 원하는 마음이라고 풀이합니다.

식당이 본래의 모습대로 유지되기를 바랐던 것 또한 제 욕망입니다. 식당 주인의 결정은 단순한 욕망이라고 말하기에는 좀 더 복잡하고 철학적으로 보입니다. 임대 기간을 채우지 못하고 가게를 내놓는 자영업자들의 고민은 이루 말할 수 없겠지요. 기존 가게의 공간을 쪼개면서까지 영업을 이어가려는 식당 주인의 무표정은 별 관심을 기울이지 않던 저 같은 사람에게까지 '어떻게 사는 게 잘사는 것인지'를 묻고 있습니다. 생각은 생각을 낳고 고민은 안타까움을 되풀이하게 했습니다. 화창한 봄날 오후의 어느 한때였지만 가게가 둘로 나눠지듯이 생각은 자꾸만 더 많은 생각으로 나누어지고 있었습니다.

사거리의 풍경은 항상 바뀝니다.
발걸음을 옮겨 대로변의 사거리로 나서니 이 복잡한 곳에도 봄은 와 있었습니다. 봄이 되면서 동네 풍경이 바뀌는 일을 바라보는 것은 즐거운 일입니다. 한때는 자연이 인간들의 배경이 되어주었죠. 물론 지금도 그렇기는 하지만 현대인들에게 풍경의 의미는 바뀌고 있습니다. 이제는 바뀐 계절을 느끼기 위해 사람들이 동네를 구경하지는 않습니다. 가까운 근교를 찾거나 산과 호수를 찾는 것으로 마음의 위안을 얻습니다.
도시는 자연을 배경으로 하지 않습니다. 바쁘게 살아야 하고, 악다구니를 쓰더라도 먹고살아야 하는 현대인들은 자연을 도심 밖으로 밀어내기에 급급하죠. 가로수마저도 광고물을 걸어두는 버팀목으로 더 쓰임새가 있고, 심지어 국회의원의 의정 활동을 홍보하는 현수막걸이 정도로 전락해 버리고 말았습니다.

빌딩의 변화는 봄빛보다 화려합니다.

항상 붐비는 대로변 사거리에는 건물들이 빈틈없이 들어차 있습니다. 신축 건물에서부터 리모델링한 건물, 오래되었지만 건물의 외벽만 교체한 건물들로 변화하는 중입니다. 특별히 눈에 띄는 점이 있습니다. 건물마다 치과는 한 군데씩 꼭 있고, 약국은 두 군데나 있는 곳도 있습니다. 신축 건물일수록 병원이 들어서지 않는 곳은 없습니다. 사람들이 많이 아픈 것도 있겠지만 우리 시대의 자본이 어디로 집중되는지를 보는 것 같아 한편으로는 흥미롭고, 한편으로는 씁쓸하기도 합니다. 대자본이 집중된 고층빌딩을 찾아, 가장 많은 교육비를 쏟아 부었던 의사들이 개원한 병원들이 줄줄이 들어서고 있습니다. 그 주변에는 몇 년 후에 의과대학에 진학하기 위해 과거보다 더 많은 교육비가 필요한 아이들이 다니는 학원들이 즐비합니다. 봄꽃이 아무리 화려하게 핀다 한들 자본이 피워놓은 꽃보다 화려할 수 있을까요?

차를 몰아 동네를 조금 벗어나면 호수가 나타납니다.

경기도 파주시 광탄면에 있는 마장호수는 수변 경관이 특히 빼어난 곳입니다. 파주시와 양주시의 경계가 되는 이 호수는 시간이 잠겨 있는 곳이기도 합니다. 벚꽃과 개나리는 물론이고 호수의 가장자리로 가보면 물길에 몸을 담근 채 자라는 수변 식물들이 꾸리는 봄의 생태계를 볼 수 있습니다. 한참을 눈여겨보던 물가에 잔잔히 물결이 일어납니다. 아마도 물 밑 어디선가 물고기들이 움직이나 봅니다. 파문이 밀려가는 곳을 좇아 시선을 따라 흘려보냅니다. 하나의 파문이 멈추면 다른 파문을 찾아 또 다른 시선을 흘려보내 봅니다. 입자를 가진 물체끼리는 서로 부딪치며 상처를 내고 부서지지만, 물결의 파동은 부딪혀도 서로 섞이며 흘러갈 뿐입니다. 절대로 서로를 부서지게 하거나 무너뜨리지 않지요. 사람들의 삶도 저 파동 같았으면 좋겠다고 생각해 봅니다.

주어진 시간을 부리며 아주 간만에 여유로움을 만끽하고 있습니다.

시간을 물결에 떠나보내는 것만큼 사치스러운 취미는 없습니다. 지난겨울에는 버드나무의 밑둥치를 꽉 붙잡고 얼어붙었던 물길이 조금씩 풀리고 있습니다. 얼음에 갇혔던 시간이 물가에서부터 호수의 중심으로 봄을 따라 옮겨 갑니다. 하얗게 뭉쳐진 겨울의 입김이 투명해지면서 녹고 있는 모습을 바라보고 있으면 주어진 시간에 무엇을 해야 하고, 또 무엇을 하지 말아야 할지를 새기게 됩니다. 물결의 파동은 호수 가장자리라고 해서 멈추지는 않을 것입니다. 어느새 우리 옆에 와 있는 봄이 저 물길을 데리고 또 어디론가 흐르고 있을 테니까요.

같은 장소를 다른 계절에 다시 찾아옵니다.

지난겨울에 앉아 있던 이 벤치에 계절이 바뀌는 순간을 확인하기 위해 다시 찾았습니다. 오래된 습관입니다. 좋은 점도 있고 나쁜 점도 있습니다. 다시 찾는 공간이 자연의 일부일 때 좋은 점들이 훨씬 많습니다. 무엇보다 주변 변화를 눈여겨볼 수 있습니다. 하나의 풍경을 구성하는 계절의 모습은 사람으로 치면 감정과 같은 것들입니다. 눈여겨보지 않으면 알아차릴 수 없는 것들이죠. 한 사람에 대하여 깊은 애정이 없다면 그 사람의 미세한 감정의 변화를 느낄 수가 없습니다. 계절은 미리 시간을 예약하고 그 장소에 멈춰 서 있는 듯하지만 매 순간 바뀌는 자연의 감정들입니다. 자연의 풍경을 즐기기 위해서는 준비할 것들이 있습니다.

도심의 배경을 잊어버릴 것.
빌딩이 풍경이라고 생각하는 아이들을 위해 꽃나무의 꽃들이 어떻게 생기고 자라는지, 바람이 나무들에게 귓등으로 알려주는 것처럼, 아이들의 눈가에 가만가만히 속삭여 줄 것.
그리고 바람과 함께 아무 말이나 가만가만 속삭여 볼 것.

모슬포 편지

1. 미각에 관하여

　산방산 용머리 해안을 끝으로 이번 여행은 마지막이라고 생각했습니다. 당신이 제주에 온 적이 있던가요? 사람의 기억은 믿을 수 없는 것들뿐입니다. 어디서 본 듯한 풍경은 이미 누군가의 사진 배경이 되어 있고 어디서 들은 듯한 바람 소리는 벌써 누군가의 허밍이 되어 있었습니다.

　오감 중에서 저는 미각만을 믿을 뿐입니다. 혀의 감각과 침샘 사이의 거리가 저는 그리움의 마지막이라고 믿고 있습니다. 시각은 어둠에 압도당하고 후각은 바람이 불면 본래의 모습이 흐트러집니다. 청각과 촉각은 당신의 숨결이 더 이상 제 옆에 없는 순간 감각이 아닙니다. 단순한 기능일 뿐입니다. 사람과 사람 사이에 가장 멀리, 그리고 가장 오래 남아 있을 수 있는 감각은 외부에 드러나 있지 않은 혀의 기억입니다. 모든 감각기관이 노출돼 있을 때, 혀는 고독하게 자신의 말을 거두기 위해 침묵을 방관합니다. 그 묵언의 시간 속에서 발효되지도 산화되지도 않고 고스란히 숨결을 간직하고 있는 것이 혀이기 때문입니다. 그 혀끝의 감각이 되살아났을 때, 저의 기억도 다시 살아나고 있었습니다.

2. 커피는 사람을 추억한다

　노신사가 운영하는 산방산의 작은 카페. 칠순을 바라보는 노신사가 귓불에 달아놓은 금색 귀걸이를 반짝이며 아메리카노 한 잔을 내어주는 순간, 저는 우리가 이곳에 왔었다는 기억을 떠올렸습니다. 당신은 없고 카페는 그대로 제자리에 있습니다. 커피의 맛은 시간과 공간마다 다르지만 추억이 존재하는 곳에서는 한결같다고 느낍니다.

3. 사랑하기 때문에

　제주의 11월은 바람이 부는 것이 아니라 추억이 나부끼는 것입니다.

4. 마지막 바람이 머무는 곳, 모슬포

　모슬포항의 포구에 앉아 기계가 움직이는 것 같은 노인의 일련의 동작을 십여 분 바라봅니다. 노인의 낚시질은 세상의 근원에 대한 물음이라는 생각이 들었습니다. 능숙한 손길과 몇 번의 손동작 안에서의 세상은 평화롭기 그지없습니다.

　질문을 던지듯 노인은 바다에 낚싯줄을 던집니다. 노인은 밀가루 전으로 만든 미끼를 왼손으로 잡고서는 마무리 동작으로 낚싯

바늘에 미끼를 꿰어놓습니다. 그리고는 글쎄, 이제 미련은 없다는 듯 뭔가를 중얼거리며 10여 미터 앞 선착장 얕은 바다를 향해 낚싯줄을 던집니다. 이곳 사람들이 독가시치라고 부르는 따돔을 홀로 낚고 있는 노인의 바짓가랑이에서 세월이 흘러가듯 제주의 마지막 바람이 굴러가는 것이 보였습니다.

당신이 물었었죠. 왜 마지막 바람이냐고. 모슬포항은 바람이 바다를 건너가기 위해 마지막으로 쉬었다 가는 곳입니다. 제주 남단에 있는 이 항구를 떠나면 바람은 더 이상 쉴 곳이 없습니다. 저 노인처럼 아무렇지 않게 제방에 털썩 주저앉아 있을 곳은 푸른 바다 어디에도 바람에게는 없습니다. 중간에 주저앉는 순간 바람은 파도에 휩쓸려 흔적도 없이 사라지겠지요. 쉬어갈 수 없으므로 바람은 온 힘을 다해 옷깃을 세웁니다. 자전거를 타고 자리를 옮기는 노인이 넘어지지 않기 위해 자전거 페달을 밟듯, 지금 저 바다는 바람에게 마지막 힘줄이 터지듯이 밟아야 건너갈 수 있는 삶의 마지막 희망일지 모릅니다. 최남단 섬인 마라도를 가기 위해 사람도, 바람도 들러야 하는 곳이 바로 모슬포항입니다.

그 끝에 마라도가 있습니다. 여객선이 오자면 아직 삼십여 분은 더 기다려야 합니다.

5. 바다의 끝에서 육지의 희망을 보다

마라도에 발을 디디는 순간 다른 이들은 어떤 생각을 할까요.

저는 무엇보다 선착장부터 이어져 피어있던 억새에 눈길이 갑니다. '이 먼 곳까지 어떤 바람이 이들을 데려왔을까'하는 생각이 들었습니다. 생명의 의지는 견고하고 단단해 보였습니다.

여러 사람이 환호성을 지를 때 저도 아랫배에 힘을 주고 크게 소리를 질러 봅니다. 웅크리고 있던 혀가 터지면서 뿜어져 나오는 음성을 바람이 힘껏 실어다 바다에 부려놓습니다. 가장 먼 바다에 와서 저는 사람들이 저마다 외치는 소리를 듣고 있습니다. 산에서는 메아리가 있지만 이곳 최남단 섬인 마라도에는 메아리가 없었습니다. 메아리를 대신해 제비갈매기들의 울음소리가 누군가의 외침에 대답처럼 들려오고 있습니다. 언젠가 당신이 했던 말을 떠올립니다. "삶의 끝에도 희망이 있었으면 좋겠어."

장난 같은 일이 눈앞에 펼쳐져 있습니다. 마라도에 이렇게 '짜장면집'이 많을 줄은 몰랐습니다. 육지에서는 흔하디흔한 짜장면 한 그릇이 이곳에서는 마치 진귀한 음식처럼 여겨졌습니다. 대부분의 사람들은 기어이 그릇의 바닥까지 다 비워냅니다. 낯선 곳에서 느끼는 별미의 미각보다는 아마도 곧 떠나야 하기 때문에, 그리고 '언제 다시 이곳에 와서 이 맛을 볼 수 있을까'라는 아쉬움 때문이 아닐까요.

이별도 언젠가 그렇게 오겠죠. 늘 곁에 있을 것 같아 귀한 줄 모르다가 어느 순간, 마지막이라거나 곧 떠나야만 하는 상황일 때, 그때 문득 식욕처럼 찾아오는 건 아닐까요. 그렇지만 짜장면의 그릇 바닥이 비워지듯 그렇게 이별이 드러나지는 않았으면 좋겠습니다. 끝이라고 생각할 때 서로의 감정이 바닥까지 드러나 보이는 일은 하지 않도록 하는 게 좋겠다고 생각해 봅니다. 누군가에겐 끝이라고 느낀 이곳 마라도가 어떤 절박함을 안고 온 이에게는 '다시 시작해야 하는' 이유가 되는 곳일 수도 있기 때문입니다.

저는 또 한 번 믿기로 합니다. '이젠 아무것도 없을 거야'라고 읊조리며 문고리를 마지막으로 닫을 때 미처 발견하지 못해 챙기지 못했던 것이 반드시 하나쯤 있을 거라고 말입니다. 기대하지 않았던 그 무엇 하나는 누구에게나 남아 있겠죠. 저는 그게 희망이라고 확신합니다. 당신이 그 희망이었으면 좋겠습니다. 그리고 당신도 그 희망 안에 머물러 있었으면 좋겠습니다.

마라도의 분교에 걸려 있는 저 깃발은 그간 얼마나 많은 바람을 맞았을까요. 그러나 저 깃발에는 부서지지 않을 힘이 있을 거라고 믿어 봅니다. 그래서 저는 다음에 이곳에 다시 메아리처럼 오려고 합니다. 당신의 희망이 외치는 소리에 힘차게 대답해 줄 메아리가 될 것입니다. 이곳 마라도에도 희망에 답하는 메아리가 있다는 것을 기억해 주십시오. 당신이 기억하는 모든 것을 저도 기억할 것입니다.

인문학카페에서 세상을 읽고 쓰다
커피 잔에 담긴 사색과 성찰

———

뜨거운 커피 한 잔에는 향기의 여운이 있습니다. 그럴 때 저는 따뜻한 이야기들을 떠올리며 가슴 속에 살아있는 감성을 경험합니다.

차가운 커피 한 잔에는 일상의 각성이 있습니다. 그럴 때 저는 냉정한 이성이 제 머릿속에 있다는 것을 이해합니다.

머리부터 가슴까지의 여행이 가장 먼 여행이라는 말이 있지요?

머리와 이성으로는 받아들일 수 있지만 마음과 감성으로는 받아들일 수 없는 일들이 있습니다. 그 반대되는 경우도 있겠지요.

커피 한 잔을 앞에 두고, 마음의 이야기를 차분하게 해보려 합니다.

포기하지 마라, 그것이 실존(實存)이다
_ 깃발을 흔드는 시시포스

　바쁜 현대인들이 옛 신화를 읽는 이유는 더 이상의 새로운 신화가 없기 때문이 아닐까요. 신화는 민족의 기원이나 초자연적 존재에 관한 이야기입니다. 흔히 말하는 대로 영웅에 관한 일대기입니다. 요즘에는 절대적이고 획기적인 업적을 이룬 사람이나 상황을 빗대는 말로도 쓰이죠. 위기를 극복한 영웅들의 이야기가 우리를 격려하는 이유는 그들이 보여준 불굴의 의지 때문이기도 하지만 당신도 할 수 있다는 무언의 메시지 때문이라고 생각합니다. 스스로가 무기력하다고 생각되거나, 어쩔 수 없이 비교당하는 경쟁사회에서 살다 보면 도대체 이 삶은 무언가 싶을 때가 있지요. 격려와 위로가 필요한 시절입니다. 겉치레뿐인 말이 아니라 진심으로 건네는 격려의 한 마디가 절실할 때 저는 신화를 떠올립니다.

깃대에 묶인 깃발의 근원적 슬픔
　신화 얘기를 꺼내는 이유는 며칠 전 바람에 날리는 깃발을 본 인상이 너무 강렬했기 때문입니다. 섬을 보고 싶어 서해에 갔다가 고기잡이배에 묶여 있는 부표의 깃발이 몸부림치는 것을 보았습니다. 물 위에 띄워 어떤 표적으로 삼는 물건이 부표입니다. 해가 질 때라 바닷바람은 깃발을 찢어놓을 듯이 불고 있었고, 깃대에 꽁꽁 묶인 깃발은 어딘가를 향해 힘차게 나부끼고 있었지요.

> 이것은 소리 없는 아우성
> 저 푸른 해원(海原)을 향하여 흔드는
> 영원한 노스텔지어의 손수건
> 순정은 물결같이 바람에 나부끼고
> 오로지 맑고 곧은 이념의 푯대 끝에
> 애수는 백로처럼 날개를 펴다.
> 아아, 누구던가
> 이렇게 슬프고도 애달픈 마음을
> 맨 처음 공중에 달 줄을 안 그는.
>
> _ 유치환(1908 ~ 1967), 〈깃발〉

좋은 시는 평범한 사물에서 삶의 의미와 가치를 얽어냅니다. 이 작품은 깃발의 움직임에서 이상향에 대한 동경과 좌절을 표현하고 있습니다. 깃발은 '푸른 해원'으로 구체화된 이상 세계를 지향합니다. 그러나 깃발은 '푯대'에 묶여 있기 때문에 다가갈 수 없는 실존적 한계에 부딪칩니다. 실존적이라는 말을 쓴 이유는 깃발이 깃대에 묶여 있기 때문입니다. 바닥에 떨어져 있거나 바닷바람에 노출되지 않은 깃발은 나부낄 이유가 없기 때문입니다.

이런 이유로 '깃발'은 단순한 사물이 아니라 목표를 향해 처절할 만치 강렬한 움직임을 보이는 의지의 상징이라는 해석을 낳습니다. 꿈을 꾸고 희망을 품는 것은 행복한 일이지만, 이루어질 수 없는 꿈을 꾸는 존재는 행복하면서도 불행합니다. 바람의 힘을 빌려 팽팽하게 펼쳐진 깃발은 포기하고 좌절한 모습으로 축 늘어져 있는 깃발보다 매력적이지요. 도전과 목표가 있는 한, 그는 영원히 늙지 않을 것입니다.

그렇다면 이렇게 비극적인 몸짓을 무한 반복할 수밖에 없도록 깃발을 '맨 처음 공중에 달'아 놓은 '그'는 누구일까요? 아마도 운명이 아닐까요. 흔히들 피할 수 없는 운명을 숙명이라고들 하죠. 이 숙명의 바윗덩어리를 걸머지고서도 신에게 굴복하지 않은 사람이 있었습니다. 그가 바로 시시포스입니다.

신들을 농락한 시시포스, 제우스의 분노를 사다

저는 나부끼는 깃발에서 그리스 신화 속 인물인 '시시포스(Sisyphus)'를 보았습니다. 깃발과 신화 사이의 거리는 너무 멀고 아득해 언뜻 이어지지 않습니다만, 곰곰이 생각해보면 그들 사이에는 촘촘하게 얽힌 사연들이 있습니다. 깃발은 깃대에 묶여 있는 이상 절대로 그곳을 벗어날 수 없습니다. 깃발이 나부낄수록 깃발의 강렬한 슬픔은 보는 이로 하여금 연민을 더하게 하지요. 그러나 바람이 사라지지 않는 이상 그들의 열망은 끝없는 도전으로

용솟음칠 것입니다. 우리에게도 우리의 의지를 살리게 할 바람이 필요한 것이지요. 깃발에게 그것이 바람이라면, 사람들에게는 격려와 위로라고 생각합니다.

시시포스는 그리스 도시국가인 코린토스의 왕입니다. 지혜롭고 신중하기로 유명했던 그는 요즘으로 치자면 정보에 매우 빨랐던 사람이지요. 엿듣기에 능하고 오지랖도 넓었던 그는 시민들을 다스리는 왕으로서는 최선이었을지 모르지만, 이런 성향으로 인해 그는 엄청난 역경을 맞게 됩니다. 어떤 이유로 그가 신으로부터 가혹한 형벌을 받게 되는지 신화의 세계로 넘어가 보겠습니다.

아폴론은 음악의 신입니다. 소들을 풀밭에 풀어놓고 지금 그는 음악에 흠뻑 빠져있습니다. 그 틈을 타 지혜의 신이면서 도둑의 신인 헤르메스가 아폴론의 소들을 훔칩니다. 이 장면을 시시포스가 훔쳐보게 되지요. 인간은 신들의 일에 간섭해서는 안 된다는 불문율을 시시포스가 깨고야 맙니다. 아폴론에게 이 사실을 일러바친 것이지요. 아폴론은 아버지인 제우스에게 말해 소를 되찾지만 제우스는 신들의 일에 끼어든 시시포스를 매우 못마땅하게 여기게 됩니다.

머지않아 제우스를 분노하게 하는 일이 또 생깁니다. 둘째가라면 서러워할 바람둥이 제우스가 미모의 아이기나 요정을 처음 보고 홀딱 반해버립니다. 제우스가 자신의 상징인 독수리로 변해 아이기나를 납치하는 순간을 공교롭게 또 시시포스가 목격하게 되지요. 딸을 찾아 헤매던 강의 신 아스포스에게 시시포스가 다가가 흥정을 합니다. 물이 없어 고통받고 있는 코린토스에 마르지 않을 샘을 파주면 딸이 있는 곳을 알려주겠다고 말입니다. 원하는 샘물을 얻게 된 시시포스는 아이기나의 행방을 알려주며 제우스가 납치했다는 사실까지 귀띔해 줍니다.

신들의 일에 함부로 끼어든 시시포스에게 제대로 분노한 제우스는 죽음의 신 타나토스를 시켜 시시포스를 잡아오라고 명령을 내립니다. 일종의 저승사자를 보낸 거죠. 그러나 현명한 시시포스는 이를 먼저 알아차리고 타나토스를 쇠사슬에 묶어서 감옥에 가둬버리죠. 죽은 이들이 저승으로 가지 못하는 일이 일어나자 명계(冥界)의 신 하데스는 제우스에게 이 무질서의 혼란을 알립니다. 분노가 극에 달한 제우스는 잔인하기로 유명한 전쟁의 신 아레스를 시시포스에게 다시 보내 이 추문의 끝을 보려고 합니다. 신에게 도전하는 인간을 용서할 수가 없었던 거였죠.

타나토스를 구하러 온 아레스를 감당할 능력이 없던 시시포스는 잡혀가는 순간 임기응변을 발휘합니다. 아내에게 자신이 죽게 되면 시신을 절대로 장례 치르지 말고 광장에 버리라고 은밀히 부탁하죠. 죽은 자들의 공간인 지하 세계에 끌려간 시시포스는 하데스에게 절절하게 호소합니다. 자신의 시신을 외면하고 장례조

차 치르지 않은 자신의 아내를 용서할 수 없으니 3일 동안만 시간을 달라고 합니다. 아내를 혼내주고 반드시 지하 세계로 다시 돌아오겠다고 철석같이 약속하면서 말이죠. 지상의 세계로 올라온 시시포스는 이내 코린토스의 깊은 숲속으로 숨어버립니다. 아내에게 시신을 장례 치르지 말라고 한 이유가 있었던 겁니다. 광장에 버려둔 자신의 신체를 찾아 되살아난 셈이죠. 그러나 상대는 저승을 다스리는 하데스입니다. 바로 붙잡혀온 시시포스는 이 일로 인해 제우스에게 극한의 형벌을 받게 됩니다.

> 가혹한 형벌이 시시포스[2]를 기다리고 있었다. 제우스는 높은 바위산을 가리키며 그 기슭에 있는 큰 바위를 산꼭대기까지 밀어 올리라고 했다. 시시포스는 온 힘을 다해 바위를 꼭대기까지 밀어 올렸다. 그러나 바로 그 순간에 바위는 제 무게만큼의 속도로 굴러 떨어져 버렸다. 시시포스는 다시 바위를 밀어 올려야만 했다. 왜냐하면 "바위가 늘 그 꼭대기에 있게 하라"는 거역할 수 없는 명령이 있었기 때문이었다. 그리하여 시시포스는 영원히 바위를 밀어 올려야만 했다. 다시 굴러 떨어질 것을 뻔히 알면서도 산 위로 바위를 밀어 올려야 하는 영겁의 형벌은 끔찍하기 짝이 없었다. 번번이 결과는 마찬가지지만, 시시포스는 이 일을 그만둘 수가 없었다.
>
> _〈그리스로마신화〉 중

---

2) 원문의 시지프스를 시시포스로 바꿈(편집자주)

카뮈, 운명에 맞선 실존적 인간으로 재해석

시시포스에 대한 전통적인 해석은 신에게 도전한 인간이 무한의 형벌을 받음으로써 신의 권위가 어떻게 인간들에게 작용하는지를 표현할 뿐이었습니다. 이 오래된 해석을 뒤집으면서 새로운 의미를 제시한 사람이 프랑스의 작가이자 철학자인 알베르 카뮈(Albert Camus, 1913~1960)입니다. 카뮈는 시시포스를 인간이 맞이한 비극적 운명을 바꾸려고 시도한 의지적 존재의 상징으로 되살려냈죠. 굴러 떨어진 바위를 다시 올리기 위해 산을 내려오는 시시포스의 모습에서 까뮈는 실존적 의지를 읽어낸 것입니다. 실존적이라는 말은 운명에 굴복해 좌절과 실의에 빠진 사람이 아니라 주어진 운명에 맞서 승리를 쟁취하기 위한 의지를 이릅니다. 비장한 표정으로 근육에 힘을 모으고 있는 시시포스의 표정을 한번 떠올려 보시죠. 비로소 무한형벌에 고통을 겪는 인간에서 위대한 영웅으로 거듭나는 장면입니다.

그렇다면 제우스는 극에 달한 분노의 상태에서 왜 시시포스를 죽이지 않았을까요? 이 신화를 제대로 이해하기 위해서는 이 질문에 답을 해야 합니다. 제우스는 아시다시피 신들의 제왕입니다. 그런 그가 하찮은 인간 한 명을 죽이는 것은 아무런 문제도 없었을 겁니다. 제우스는 한 번의 죽음보다 더 가혹한 형벌을 찾았을 겁니다. 끊임없이 노동하되 어떠한 성과도 성취도 없는 것. 인간들이 지닌 감정 중에서 절대로 희망을 꿈꿀 수 없는 가장 잔인한 형벌. 무한한 반복이 이루어지되 언제나 새롭게 시작해야만 하는 것. 제우스가 찾아낸 것은 무한형벌이었습니다. 처음과 마지막이 무한히 반복하고 처음이 곧 끝인 생지옥을 경험하게 하는 것. 그것이 제우스의 전략이었습니다.

이 무한형벌에 대해 카뮈가 내놓은 대답은 제우스의 의도를 뒤집어 버린 것이었습니다. 제우스의 의도와는 전혀 다른 것이었습니다. "산정(山頂)을 향한 투쟁 그 자체가 한 인간의 마음을 가득 채우기에 충분하다. 행복한 시시포스를 마음에 그려 보지 않으면 안 된다."는 카뮈의 말은 실존을 자각한 인간들만이 누릴 수 있는 특권인 셈이죠.

이 무한의 형벌은 인간의 삶이 지닌 부조리의 동어반복입니다. 억지로 떠밀려 하루하루의 고통만큼만 겨우 참아내는 삶은 절대로 독립적이고 자존적일 수는 없습니다. 반면, 스스로의 자각을 통해 비록 실패할지 모르지만 주체적인 의지를 가지고 사는 삶은 그 가치가 다를 것입니다. 그러므로 카뮈가 재해석한 시시포스는 인간 의지의 원형이면서 실존적 깨달음을 얻은 최초의 존재인 것이지요. 깃발이 더 이상 나부끼지 않을 때, 우리는 깃발의 절망을 보는 것이 아니라 시시포스의 절망을 볼 수도 있을 것입니다. 그러나 그런 일은 일어나지 않을 것입니다. 바람이 부는 한, 인간이 살아있는 한 우리들의 발걸음은 운명의 바윗덩어리를 언제나 정상을 향해 밀어 올리고 있을 것이기 때문입니다.

신들은 시시포스[3] (고대 그리스 코린토스의 왕)에게 바위를 쉬지 않고 산꼭대기로 밀어 올리는 벌을 내렸다. 산꼭대기에 올려놓은 바위는 자기 무게 때문에 저절로 굴러 내려온다. 신들은 어떤 이유에서인지 아무 희망도 가치도 없는 노동보다 더 무서운 처벌은 없다고 생각한 것이다. … 여러분은 벌써 시시포스가 부조리의 영웅임을 눈치 챘을 것이다. 신들에 대한 경멸과 죽음에 대한 증오, 삶에 대한 정열이 무(無)를 성취하는데 혼신의 힘을 다하는 저 참혹한 처벌을 그에게 안겨준 것이다. 이것은 지상세계에 대한 정열의 대가로 치러야 되는 것이다. 이 신화에는 혼신의 힘을 기울여서 저 커다란 돌을 들어 올리고 굴려서, 수백 번이나 비탈길을 밀고 올라가는 이야기가 나올 뿐이다. 일그러진 얼굴, 바위에 찰싹 달라붙은 뺨, 흙 묻은 돌덩이를 떠받친 어깨, 바위를 버티는 발, 새 출발을 위해 한껏 내뻗은 두 팔, 흙투성이의 양손, 너무나 인간적인 모습, 가이없는 공간과 시간의 오랜 노력 끝에 비로소 목적이 이루어진다. 그러자 시시포스는 바위가 잠깐만에 저 아래세상으로 굴러 떨어지는 것을 목격한다. 그는 또다시 저 돌을 정상으로 밀어 올려야 한다. 그는 터덜터덜 평지로 내려간다.

_ 알베르 까뮈, 《시지프 신화》 중

---

3) 원문의 시지프를 시시포스로 바꿈(편집자주)

잘익은 토마토

군중, 공중, 대중, 민중은 어떻게 다른가?
_ 모래 같은 군중에서 각성한 민중으로

유력 신문의 논설 주간 이강희가 재벌 권력인 오현수 회장에게 이런 말을 건넵니다.

"질긴 오징어를 누가 계속 씹으려 할까요. 적당히 씹다가 뱉겠죠. 대중은 그런 겁니다. 고민하고 싶은 사람에겐 고민거리를, 울고 싶은 사람에겐 울 거리를, 욕하고 싶은 사람에겐 욕할 거리를 던져주면 되는 겁니다."

2015년 개봉한 영화 〈내부자들〉에 나오는 대사입니다. 요즘은 어떤 면에서 현실이 더 영화 같지요. 상상력을 화면으로 옮긴 이야기를 보면서 사람들은 영화의 비현실적 상황에 대해 '그래, 영화니까. 설마 그런 일이 있겠어?' 하고 웃어 버리기 일쑤죠. 그런데 영화가 현실이 돼 버린 적이 있었죠. 이 영화 개봉 이후에 교육부 고위직을 맡고 있던 한 정책기획관이 영화의 이 대사를 '멋지게' 바꿔치우면서 구설수에 올랐습니다. 하위 99%에 해당하는 국민을 향해 그가 한마디 했답니다. "민중은 개, 돼지"라고요.

애꿎은 개와 돼지가 들으면 정말 화낼 만한 말이지요. 이 말을 들은 대다수의 사람들도 흥분하고 분노했죠. 저 같은 '개돼지'도 당연히 거품을 물었습니다. 앞으로 밥을 어떻게 먹어야 하나, 개처럼 먹을까, 돼지처럼 먹을까, 걸음걸이도 바꿔야 하나 등등 참 별의별 생각을 다하게 했죠. 그러다 이상한 걸 알게 되었는데요. 그들이 사용하는 용어가 서로 다르다는 겁니다. 영화 속의 인물은 대중이라는 표현을 쓰고 있고, 현실의 고위공무원은 민중이라는 말을 쓰고 있더군요. 이 차이가 뭘까요?

군중심리라는 말을 들어보셨을 테지요. 또 공중도덕이라는 말도요. 그리고 대중사회라는 말은 또 어떤가요? 저는 말에도 고유의 냄새나 독특한 분위기가 있다고 생각합니다. 군중심리라는 말을 떠올렸더니 바로 한 장면이 떠오르네요. 잘 모르는 사람들 사이에서 가수에게 열광하던 콘서트에서의 제 모습이 보이네요. 공중도덕이라는 말에는 왠지 구청 공무원들이 노란 완장이라도 왼팔에 차고 경찰은 정복을 입고 법질서에 어긋나는 경우를 단속하는 모습이 떠오릅니다.

대중 사회라는 말은 어쩐지 어려워 보입니다. '대중'이라는 용어는 두꺼운 교과서나 딱딱한 책 속에서 '어디, 날 한번 이해해 보시지'라며 잔뜩 힘을 주고 있는 게 보입니다. 혹은 여러 사람을 모아놓고 사회적으로 유명한 사람이 열심히 강연을 하는 모습이 떠오르기도 합니다.

민중의 저항이라는 이야기를 들어보셨나요? 이 말을 떠올릴 때면 저는 연대감이나, 생명력과 같은 단어와 함께 하나의 목표를 향해 힘을 합치는 사람들이 떠오릅니다. 여하튼 이런 말들은 많이 모여 있는 사람들이라는 데에 공통점이 있습니다. 그렇지만 가장 먼저 쓰이기 시작한 말인 군중과 18세기 이후에 나타나는 공중, 그리고 20세기 들어 2차 세계대전 이후에 사용한 대중과 민중은 각기 고유한 뜻이 있지 않을까요?

한 장소에 있지만 서로 다른 사람들, 군중

군중(群衆 ; the crowd)은 일상에서 가장 많이 볼 수 있는 형태의 사람들입니다. 가령, 예전에 동네를 떠들썩하게 하던 약장수 앞에 모여 있던 이들이 바로 전형적인 군중입니다. 가을 야구를 즐기겠다고 야구장에 잔뜩 모인 사람들을 보신 적 있으시죠? 이들이 바로 군중입니다. 콘서트 장을 가득 채운 사람들도 군중입니다. 이들의 공통점은 개인이나 사건을 중심으로 엇비슷한 이해관계를 가지고 일시적으로 모인 다수의 사람들이라는 겁니다. 군중은 그 장소에 모이기 이전에는 서로 관계를 맺은 적이 없습니다. 콘서트에는 그 '가수' 때문에 모인 거고, 운동장에는 결승전이라는 '사건' 때문에 모여 있는 것뿐이죠. 사람들은 가까이 있지만 조직화되어 있지는 않습니다. 하지만 이들은 서로의 존재를 알아차리며 서로 영향을 받기도 합니다. 군중은 같은 장소에 모임으로써 형성되며 사태에 대해 감정적으로 반응하는 경향이 강해 군중심리에 쉽게 영향을 받죠.

우선, 군중은 익명성의 집단입니다. 사람들은 무리의 일원이기는 하지만 이름이나 신분이 드러나지 않죠. '내'가 누구인지 아는 사람이 없다는 겁니다. 피서철이 되면 해변에 놀러간 사람들이 일상과 다른 과감한 행동을 할 수 있는 것도 이런 익명성 때문에 가능한 거죠.

다음으로 군중은 즉흥성이라는 특징이 있죠. 조직화된 지도부가 없고 행동에 책임을 지지 않기 때문에 이들은 깊게 고민하는 일은 없죠. 또한 한 사람의 흥분이 다른 사람에게 쉽게 옮겨가는 '사회적 전염'이 상당히 강한 편입니다. 이들은 공통적인 관심을 가지고 장소를 중심으로 하지만 그 일시적인 관심이 사라지면 자연스럽게 소멸하고 말죠. 군중 속의 고독은 그런 상황을 의미하는 경우이기도 합니다.

자유 의견으로 여론을 만드는 공중

공중(公衆 ; the public)은 칸트로 대표되는 계몽주의 시절에 생겨난 말입니다. 18세기부터 19세기에 유행하던 계몽주의는 사람들을 자율적인 존재로 이끕니다. 계몽주의가 무엇인가라는 질문에 칸트(Immanuel Kant, 1724~1804)는 "인간 스스로가 묶여 있던 미성숙 상태로부터의 해방을 의미한다."라고 했죠.

공중은 한 장소에 있지 않고 따로 흩어져 있지만 이들은 스스로의 판단을 가지고 다수의 의견을 만들어가기도 합니다. 구성원 의견의 최대공약수인 여론(public opinion)은 바로 이들이 만들어 내기 시작한 겁니다. 사회를 유지하기 위해 대다수가 지켜야 하는 규율을 공중도덕이라고 부르는 것도 이들의 자율적 판단과 합리성을 존중하기 때문입니다.

공중의 가장 큰 특징은 공동의 관심에 대해 토론하고 해결할 의지를 가진다는 것입니다. 그렇지만 꼭 같은 의견을 제시하지는 않죠. 이런 면에서 이들이 민주주의의 가치를 형성했다는 긍정적 평가를 얻는 거죠. 이들은 고정적이거나 지속적이지 않으며 쟁점이 없어지면 흩어집니다. 또 토론과 논쟁을 통해 이성적이고 자율적인 상호작용을 주고받기도 합니다. 이들은 의견을 건네는 쪽과 받는 쪽이 수평적 균형을 이루고 있어 일방적인 지배 구조에 빠지지는 않습니다. 그들이 합의한 규율과 규칙은 법이라는 이름으로 사회를 유지하는 역할을 합니다. 법질서의 대상으로 존재하는 여러 무리의 사람들을 공중이라고 보셔도 됩니다.

매체가 획일화한 불특정 다수, 대중

20세기에 들어오면서 사람들의 무리를 뜻하는 용어는 대중(大衆 ; mass)이라는 말로 대체됩니다. 대중은 한 장소에 있지 않다는 점에서는 공중과 비슷한 특성이 있지요. 그러나 공공선(善)을 믿었던 공중과 달리 대중은 이에 대한 인식이 없습니다. 이들은 군중보다 훨씬 큰 규모의 집단이며 소수의 엘리트 집단에 의해 다수의 군중들이 이끌려 갑니다. 흔히 사용하는 소비 대중이나 노동자 대중과 같은 표현이 이들을 잘 드러낸다고 할 수 있죠. 프랑스 사회학자인 에밀 뒤르케임(Emile Durkheim, 1858~1917)은 대중에 대해 '특징이 없는 원자와 같은 존재들(undifferentiated atomistic people)'이라고 말한 바 있습니다.

그렇다면 원자나 모래와 같은 이들을 하나로 묶어 낸 수단은 무엇이었을까요? 20세기를 흔히 대중의 시대라고 부릅니다. 이런 표현이 가능한 이유는 산업사회가 만든 대량생산 체제와 대중매체(mass communication)에 있습니다. 2차 세계대전이 끝나고 조직된 유네스코 헌장에 '매스 커뮤니케이션'이라는 용어가 공식적으로 처음 등장합니다. 20세기 중반이 대중사회라는 것을 상징적으로 언급한 셈이죠.

대중사회는 대량화가 전제될 때 의미가 있습니다. 소비가 대량화하지 못하면 대량생산은 무의미해집니다. 많이 팔리지 않는 걸 누가 대량으로 만들겠습니까? 이런 소비사회를 완성하는 것이 대중매체입니다. 20세기에 본격적으로 등장한 신문, 라디오와 함께 대중매체의 꽃으로 불리는 1930년대의 텔레비전 보급은 다수의 정보가 불특정 대중을 상대로 뿌려지는 것을 가능하게 했습니다. 매스미디어 자체가 대규모로 형성되고, 자본주의의 중요한 부분으로 성장하면서 대중사회는 전성기를 맞이하게 되죠.

대중은 몇 가지 뚜렷한 특성을 띠고 있습니다. 첫째, 엄청나게 많은 사람들이 이 무리에 속해 있기 때문에 이들은 기본적으로 이질적입니다. 대중에게는 공통의 습관이나 전통이 없습니다. 사회의 각계각층으로 이루어진 이들은 텔레비전이 보내는 메시지를 사회적으로 공유할 뿐입니다. 다음으로 이들은 고립된 존재입니다. 공간이나 사회적으로 멀리 있는 이들은 서로를 모르기 때문에 조직화된 집단을 구성할 수 없습니다. 대중 속의 개인은 소속감을 가질 수 없고 심지어는 소외를 느낄 수도 있지요.

신채호가 처음 쓴 '민중', 세상을 이끄는 주체

교육부 고위공무원이 "민중은 개, 돼지"라고 말했을 때, 저는 궁금했습니다. '그 사람은 과연 민중이 어떤 의미를 지닌 말인지 알고 쓰는 걸까?' 길게 생각하지 않고서도 저는 이 질문에 '아니오'라고 답할 수 있었습니다. 이유는 민중이라는 뜻을 정확히 알고 있다면 그렇게 쉽게 뱉어낼 단어가 아니기 때문입니다. 아마도 그 사람은 주체성도 없이, 엘리트들에 의해 끌려 다니는 무기력하고 가난한 사람들을 머리에 떠올렸겠죠.

그러나 민중은 그런 의미가 아닙니다. 민중(民衆)은 영문으로 표기하기가 어려운 단어입니다. 쉽게 옮기자면 피플(people) 정도로 표기할 수 있지만, 그럴 경우 뜻이 너무 제한되고 왜소해집니다. 그래서 어떤 학자들은 아예 'minjung'이라고 독자적인 표기를 쓰고 있습니다. 저는 'people'보다는 'minjung'이라는 표기에 찬성하는 쪽입니다. 민중의 독자적인 표기를 지지하는 이유는 두 가지 때문입니다.

첫째, 이 용어가 등장한 배경과 더불어 지금 사용되는 의미 때문입니다. 서구 사회에서는 민중이라는 개념이 사용되지 않았다는 것이 일반적인 평가입니다. 민중은 한자 문화를 공유한 동북아 3개국에서 사용된 말입니다. 민중은 19세기에 일본에서 고안되어 식민지 조선으로 건너온 것입니다. 처음에는 평민(平民)이라는 말과 혼용되다 중국의 혁명기에 마오쩌둥이 민중이라는 말을 즐겨 사용하면서 정치적인 의미를 띠게 됩니다. 그러나 현재 민중이라는 말은 중국이나 일본에서 거의 사라져가고 있습니다. 중국에서는 인민대중의 준말로, 일본에서는 민중예술이라는 말에만 남아있을 뿐, 우리처럼 독자적인 의미를 가진 보편적인 말은 아닙니다. 다시 말해 민중은 우리의 역사가 만들어 낸 것을, 지금 우리가 지키고 있는 언어라는 겁니다.

둘째, 민중이 자생적인 의미를 띤 것은 독립운동가이자 역사학자인 신채호(1880~1936)에 의해서입니다. 신채호는 일제 강점기인 1923년 〈조선혁명선언〉에서 '민중의 직접적 혁명'을 주장합니다. 인민이라는 말을 쓰는 대신 민중이라는 말을 쓴 데는 뚜렷한 목적의식이 깔려있습니다. 소수의 혁명지도자의 노선을 추종하다가 다시 무기력한 존재로 돌아가는 악순환을 경험하는 인민을 넘어서야 한다고 생각한 거죠. 스스로 떨쳐 일어나 새로운 세상을 만드는 주체적인 존재로 민중이 자리매김해야 한다고 본 겁니다. 다시 말해 인민이 엘리트 지도자들에 의해 지도를 받다가 혁명이 끝나면 다시 노예와 같은 상태로 돌아가는 무리들을 의미한다면, 민중은 외부의 누군가에 의해 동원되는 대상이 아니라 자각을 통해 스스로의 힘으로 혁명을 완수하는 주체라는 것을 강조한 것이죠.

30여 년 주기로 드러나는 민중의 힘

우리는 대략 30~40년 주기로 반복되는 민중 혁명을 거치면서 우리만의 고유한 의미로 민중이라는 단어를 사전에 깊이 새길 수 있었습니다. 반봉건과 반외세를 기치로 내세웠던 우리 역사 최초의 민중봉기인 동학농민혁명(1894)의 주체는 민중이었습니다. 농경 중심 사회에서 인구의 절대다수를 차지했던 농민들이 주역이었기 때문에 갑오농민전쟁으로도 부릅니다. 이후 약 30년이 지나고 일어난 3·1운동(1919) 역시 민중이 주체가 되어 일제의 식민지 지배에 맞서 일어난 항일 독립 운동입니다. 그 후 약 40년이 지난 1960년에 일어난 4·19혁명은 민중의 힘으로 독재체제를 쓰러뜨리고 민주주의를 지키려 했던 상징적인 사건입니다.

현행 헌법의 기반이 된 1987년 개헌 역시 민중의 힘으로 대통령 직선제를 이끌어 낸 혁명적인 사건입니다. 1987년 6월 10일

대한성공회 대성당에서 시작된 집회가 도화선이 되었습니다. 이들의 조직된 힘이 6·29선언을 이끌어 내면서 역사의 큰 물줄기를 바꾸게 됩니다. 4·19혁명 이후 약 30년쯤 지난 후에 일어난 일이죠. 가장 최근에 있었던 2016년의 촛불혁명 역시 피 한 방울 흘리지 않고 민중의 힘으로 정권을 바꾼 역사적인 사건이었죠. 이 역시 대략 30년 주기로 반복된 일입니다. 언급된 역사적 경우들은 모두 우리 역사에서 민중이 어떠한 힘을 보여주었는지를 상징적으로 보여준 사건들입니다.

우리 역사에서 민중의 힘으로 역사의 물줄기를 바꾼 사건들이 대략 30년을 주기로 일어났다는 사실은 단순한 우연으로 치부하기에는 사건을 이끌었던 사람들의 실체와 정체성을 들여다보게 합니다. 그렇다고 민중이라는 말이 정치적 수식으로만 쓰이는 것은 아닙니다. 대안공동체나 사회적기업 활동 등으로 얼마든지 확장되어, 지금도 살아 꿈틀거리는 말이 되고 있습니다. 개념 없는 사람들이 개, 돼지라고 부르며 함부로 입에 올려서는 안 되는 말입니다. 민중이라는 말에는 부정할 수 없는 고유성과 계승해야 할 역사성이 지금도 살아 있습니다.

고전이 된 소설의 첫 문장들
_ 찬란히 빛나는 지성을 만나다

"모든 행복한 가정은 서로 닮았고, 모든 불행한 가정은 제각각으로 불행하다."

레프 니콜라예비치 톨스토이(1828~1910)의 소설 《안나 카레니나》의 대서사를 여는 첫 문장입니다. 저는 이 소설의 첫 문장을 약간 의역해서 이렇게 기억하고 있습니다. '모든 행복한 가정은 비슷한 이유로 행복하지만, 불행한 가정은 저마다 다른 이유로 불행하다.'

소설의 유명세 덕분에 널리 알려진 첫 문장도 있지만 쉽게 떨칠 수 없는 첫 문장의 매력 때문에 오래 기억되는 작품도 있습니다. 이 소설을 읽어보신 분들은 많지 않을 수 있습니다. 그러나 어디선가 한 번쯤 이 소설의 첫 문장을 들어보신 분들은 적지 않을 겁니다.

문체, 단순한 문장을 넘어선 작가의 분신

작가들은 첫 문장을 쓰기 위해서 많은 고민을 한다고 합니다. 신문기자로 일하다 소설을 쓰는 작가가 된 김훈(1948 ~) 작가는 《칼의 노래》를 발표하고 어느 인터뷰에서 문장 하나를 쓰기가 얼마나 힘든지에 대해 이렇게 말한 바가 있습니다.

"'버려진 섬마다 꽃이 피었다.'라는 문장을 하나 쓰기 위해 '꽃이'와 '꽃은'을 두고 몇 차례 고쳐 쓰기를 거듭했다."라고 말이죠. 얼핏 보기에 별반 차이가 없어 보이는 조사의 쓰임을 두고 작가들은 그만큼 예민합니다. 인용한 문장은 이 장편소설의 1부에 해당하는 〈칼의 울음〉의 첫 문장입니다. '꽃이'와 '꽃은'은 사실 엄연히 다른 표현입니다. 주격조사 '이(가)'는 주어 자체에 의미를 한정하지만, 보조사로 쓰이는 '은(는)'은 다른 대상과의 차이를 표현합니다. 꽃이 피었다고 쓰면 읽는 이들은 주어인 꽃에 주목합니다. 반면 꽃은 피었다고 쓰면 다른 자연물들은 모두 피지 못한 가운데 꽃이 피어있는 상황을 떠올리게 됩니다. "나는 선생이고 너는 학생이야"라는 어느 영화의 대사는 발화의 주체와 상대의 차이를 뚜렷하게 드러냅니다. "내가 선생이고 네가 학생이야"와 똑같은 주술 관계이지만 많은 차이가 있는 문장입니다.

작가들이 한 문장을 쓰는 데 얼마만큼의 공력을 들이는지는 작가의 다른 인터뷰에도 언급됩니다. 이 소설이 〈동인문학상〉을 수상했다는 소식을 듣고 작가는 이런 말을 합니다.

"작품 속에 이순신의 한때 애인이었던 여진의 죽음이 나온다. 그녀의 시체를 누가 끌고 온다. 묘사 문장을 다섯 페이지쯤 썼다가 모두 다 버렸다. 그리고 단 한 문장으로 바꿨다. '내다 버려라.' 그리고 그날은 하루 종일 아무것도 안 썼다. 너무 좋았다."

문학을 하는 사람들은 자신의 생각을 글로 표현할 수밖에 없습니다. 글은 문장으로 표현되는 언어 형식이기 때문에 그들의 문장에 대한 숙고는 피할 수 없는 것이겠죠. 좋은 문장은 정확한 문법적 체계 위에 세계의 숨어 있는 의미를 꿰뚫어보는 지적 통찰이 정서적 충격과 맞물릴 때 피어납니다. 문장 하나가 예술이 될 수 있다는 사실은 논리를 넘어서는 인간의 지성이 섬뜩하게 빛나는 지점을 보여줍니다.

작가들이 작품에 구사하는 문장들의 독특한 개성은 '문체'라는 이름으로 따로 부릅니다. 같은 이야기라 하더라도 드라마나 영화에는 '문체'가 없습니다. 오로지 문자 텍스트만으로 세계와 맞서려는 문학만의 고유한 특성입니다. 문장의 개성은 작가들이 불온한 세계에 맞서는 칼날이자 삶의 부조리를 베어내려는 단검이자 비수이지요.

'소설의 형식을 가지고 시를 읊은 작가'

여름 장이란 애시당초에 글러서, 해는 아직 중천에 있건만 장판은 벌써 쓸쓸하고 더운 햇발이 벌려 놓은 전 휘장 밑으로 등줄기를 훅훅 볶는다. 마을 사람들은 거지반 돌아간 뒤요, 팔리지 못한 나무꾼패가 길거리에 궁싯거리고들 있으나 석유병이나 받고 고깃마리나 사면 족할 이 축들을 바라고 언제까지든지 버티고 있을 법은 없다. 칩칩스럽게 날아드는 파리떼도 장난꾼 각다귀들도 귀찮다. 얼금뱅

이요 왼손잡이인 드팀전의 허 생원은 기어코 동업의 조 선달을 나꾸어 보았다.

"그만 거둘까?"

_ 이효석, 〈메밀꽃 필 무렵〉 중

강원도 평창이 고향인 작가 이효석(1907~1942)은 우리 현대문학 초창기의 단편소설을 대표하는 작가입니다. 〈메밀꽃 필 무렵〉(1936)은 작가의 고향인 평창군 봉평면을 배경으로 문학적 서정의 깊이를 아름답고 감각적인 문체로 표현한 작품이죠. 인용된 문장은 이 소설의 첫 장면을 여는 첫 문장들입니다. 여름 장터를 묘사하는 이 소설의 첫 장면은 음성 상징어와 감각적 문장으로 시작합니다. 해는 중천이지만 이미 파장 분위기가 역력한 시골 장터로 독자를 자연스레 옮겨 놓습니다.

어떤 문학평론가는 이 작가의 문체를 두고 '소설의 형식을 가지고 시를 읊은 작가'라고 평가하기도 했습니다. '한컴타자연습'에도 인용되는 다음 장면은 교과서에도 많이 실려 있어 익숙한 내용입니다. 어떤 점이 그런 평가를 할 수 있는지 한번 살펴보겠습니다.

이지러는 졌으나 보름을 가제 지난 달은 부드러운 빛을 흐뭇이 흘리고 있다. 대화까지는 칠십 리의 밤길, 고개를 둘이나 넘고 개울을 하나 건너고 벌판과 산길을 걸어야 된다. 길은 지금 긴 산허리에 걸려 있다. 밤중을 지난 무렵인지 죽은 듯이 고요한 속에서 짐승 같은 달의 숨소리가 손에 잡힐 듯이 들리며, 콩포기와 옥수수 잎새가 한층 달에 푸르게 젖었다. 산허리는 온통 메밀밭이어서 피기 시작한 꽃이 소금을 뿌린 듯이 흐뭇한 달빛에 숨이 막힐 지경이다. 붉은 대궁이 향기같이 애잔하고 나귀들의 걸음도 시원하다. 길이 좁은 까닭에 세 사람은 나귀를 타고 외줄로 늘어섰다. 방울 소리가 시원스럽게 딸랑딸랑 메밀밭께로 흘러간다. 앞장선 허 생원의 이야기 소리는 꽁무니에 선 동이에게는 확적히는 안 들렸으나, 그는 그대로 개운한 제멋에 적적하지는 않았다.

서정적이고 감각적인 문체가 돋보입니다. 시를 쓸 때 생각이나 관념을 구체화하기 위해 시인들은 감각적 이미지를 사용합니다. 사람이 갖고 있는 다섯 가지 감각을 활용해 정서를 형상화하는 방법입니다. 작가는 이 장면을 묘사하면서 세 사람이 걷는 밤길의 풍경을 한 폭의 그림을 그리듯 그려내고 있습니다. 이를 위해 시각적 이미지, 청각적 이미지, 음성 상징어 등을 적극적으로 사용합니다. 특히 '방울 소리가 시원스럽게 딸랑딸랑 메밀밭께로 흘러간다'에 나타나는 청각적 이미지(딸랑딸랑거리는 방울소리)를 시각화 해(흘러간다) 표현하는 공감각적 이미지의 사용은 이 소설의 문체가 보여주려는 것을 확실히 드러냅니다. 이 장면만 따로 떼어내면 한 편의 산문시라도 해도 모자람이 없습니다. 감각적인 문장들 사이에서 달밤을 걷는 허 생원의 아련한 옛사랑은 '달빛이 부드러운 빛을 흐붓이 흘리듯'이 독자에게 다가오게 되지요.

혹독한 세상보다 더 냉혹한

> 그레고르 잠자는 어느 날 아침 불안한 꿈에서 깨어났을 때, 자신이 잠자리 속에서 한 마리 흉측한 해충으로 변해 있음을 발견했다. 그는 장갑차처럼 딱딱한 등을 대고 벌렁 누워 있었는데, 고개를 약간 들자, 활 모양의 각질(角質)로 나뉘어진 불룩한 갈색 배가 보였고, 그 위에 이불이 금방 미끄러져 떨어질 듯 간신히 걸려 있었다. 그의 다른 부분의 크기와 비교해 볼 때 형편없이 가느다란 여러 개의 다리가 눈앞에 맥없이 허위적거리고 있었다.
>
> '어찌된 셈일까?' 하고 그는 생각했다. 꿈은 아니었다.
>
> _ 카프카, 《변신》 중

1916년에 발표된 프란츠 카프카(Franz Kafka, 1883~1924)의 중편소설 《변신》의 첫 장면입니다. 이 작품은 벌레로 변한 그레고르와 그를 대하는 주변 가족들의 모습을 통해 일상으로부터 인간이 얼마나 소외되어 있는지를 보여줍니다. 특히 자본주의가 시작되면서 사회가 얼마나 비인간적인가를 가족끼리의 소외라는 극단적 상황으로 그려냅니다. 사람이 벌레로 변할 수는 없습니다. 비현실적이고 환상적인 소설적 상상력을 통해 산업혁명 이후 시작된 자본주의 사회가 인간을 어떤 식으로 물질화하고 수단화하는

지를 그리고 있습니다.

    가족을 위해 영업사원으로 성실히 일하던 그레고르가 벌레로 변한 순간부터 가족들은 그를 외면하고 심지어는 내쫓을 생각을 합니다. 자본주의 사회에서 가족과 사회는 더 이상 따뜻한 공동체가 아닐 수 있다는 것이죠. 자신의 필요에 따라 인간을 도구화하기 시작하는 거죠. 경제적 능력을 상실한 그레고르는 말 그대로 '식충이' 취급을 받는 벌레로 표현되고 결국 음식을 거부하다가 쓸쓸히 죽음을 맞이합니다. 가족들은 골칫거리가 사라진 후 평온함을 느끼고 앞으로의 삶을 계획하면서 소설은 끝을 맺습니다.

    인용된 장면은 사실적 묘사를 통해 벌레를 그려냅니다. 벌레로 변한 인물을 어떻게 볼 것인지에 대한 다양한 해석과 함께, 섬뜩할 만치 치밀한 어휘를 사용해 냉담하고 과감하게 상황을 그려나가는 문체는 당시로서는 독보적이었습니다. 정교함의 끝을 보여주는 문장과 비판적 인식이 잘 드러나는 인물의 설정, 구조적 완결성 등의 평가를 받으며 20세기 최고의 문학 작품으로 꼽히기도 합니다.

    체코슬로바키아 태생의 유대계 독일 소설가인 카프카는 실존주의 문학의 선구자로 불립니다. 인간 소외와 실존 문제를 끝까지 천착해 독자적인 문학 세계를 구축했죠. 이 작품의 냉정한 문장을 이해하려면 소설이 발표된 시기를 고려하면 수긍이 갑니다.

    1916년에 발표된 이 작품은 자본주의라는 이념 체계를 이해해야 합니다. 그렇지 않으면 극단적이고 환상적인 상상력에 쉽게 공감할 수가 없죠. 인간을 수단으로 파악하고 도구화하는 자본주의의 본질을 자본주의 초창기부터 꿰뚫어 본 작가는 가족공동체에 도발적인 질문을 한 셈이죠. 경제적 능력을 상실한 사람이 다른 가족으로부터 어떻게 소외받는지를, 자본의 비정한 속성보다 더 냉혹하고 치밀한 문체로 제시합니다. 카프카 이후에 이런 유형의 문체와 상상력은 후대 작가들에게 엄청난 영향력을 끼치게 되죠. 차갑고 혹독한, 괴물 같은 세계에 맞서려는 작가의 문장은 이렇게 날카로울 수밖에 없지 않았을까요.

'하드보일드' 헤밍웨이

> 그는 멕시코 만류에서 작은 고깃배를 타고 홀로 고기잡이를 하는 노인이었다. 여든 날하고도 나흘이 지나도록 고기 한 마리 낚지 못했다. 처음 사십 일 동안은 소년이 함께 있었다. 그러나 사십 일이 지나도록 고기 한 마리 잡지 못하자 소년의 부모는 이제 노인이 누가 뭐래도 틀림없이 '살라오'가 되었다고 말했다. '살라오'는 스페인 말로 '가장 운이 없는 사람'이라는 뜻이다.
>
> _ 헤밍웨이, 《노인과 바다》 중

어니스트 헤밍웨이(Ernest Miller Hemingway, 1899~1961)가 1952년에 발표한 《노인과 바다》의 첫 문장입니다. 얼핏 생각하면 대수롭지 않게 여길 수 있는 문장입니다. 하지만 이 문장은 이후 헤밍웨이를 말할 때 수식어처럼 달라붙는 '하드보일드' 문체의 시작을 알리는 출발점이 됩니다. 하드보일드 문체(hard-boiled style)는 작가의 주관적 감정을 배제하고 인물이나 사실을 냉정하게 묘사하거나 표현하는 기법을 의미합니다. 하드보일드는 '달걀이 완전하게 삶아져 완숙된'이라는 뜻입니다. 완전히 삶은 계란은 날계란보다 무미건조하기 마련입니다. 문장이 간결하고 수식어가 거의 없이 무미건조하게 대상을 그려내는 문체를 이르는 말이지요. 국립국어원이 언어 순화 차원에서 '냉혹 기법'으로 권고하고 있지만 지금도 헤밍웨이를 언급할 때 일반적으로 사용하는 용어입니다.

이 소설은 바다 한가운데서 커다란 참다랑어를 잡는 노인과 대자연의 힘겨운 싸움을 중심으로 전개되는 이야기입니다. 한가하게 휴가를 얻어 취미 삼아 물고기나 잡는 상황이 아닙니다. 바다라는 대자연에서 상어라는 최상위 포식자와 노인은 목숨을 걸고 대결합니다. 작살과 밧줄만을 들고 삶과 죽음을 앞에 놓고 있는 인간을 그려내는 데에 화려한 수식어와 부드러운 느낌의 어휘들은 상황에 맞지 않는 것이지요. 거센 눈보라가 몰아치는 극강의 한파가 지배하는 고원을 걸어가는 사람의 신발과 옷차림이 어떠해야 할지를 생각해 보십시오.

문학적 상황을 가장 알맞은 형태의 문장 구조와 적확한 어휘를 사용해 형상화하는 것이 바로 문체입니다. 노인은 잡아놓은 물고기를 지켜야 하고, 물고기의 피 냄새를 맡은 상어는 물고기를 먹어 치워야 합니다. 사투를 벌이는 노인의 모습에서 독자들은 시련에 꿋꿋하게 맞서는 인간의 강인한 의지와 위대함을 확인할 수 있죠. 용기를 가지고 한계를 극복해 내는 노인의 모습에서 인간의 존엄성을 찾으려 했던 헤밍웨이의 실존적 세계를 엿볼 수 있습니다.

  이 소설에서 가장 유명한 문장이 들어있는 한 장면을 소개하겠습니다. 작가들이 구사하는 문체가 소설의 주제를 떠받치기 위해 들인 노고를 한번 느껴보시죠. 최선을 다한 자신의 싸움을 패배로 인식하지 않는 노인의 의지가 결연하게 드러나는 부분입니다. 이 장면의 마지막 문장, '인간은 파멸 당할 수는 있을지 몰라도 패배할 수는 없어.'라는 문장은 인간의 존엄을 확신한 작가의 절규처럼 들립니다.

  하지만 나는 내 고기를 공격한 상어를 죽였어, 하고 노인은 생각했다. 또한 놈은 내가 지금껏 봐 온 것 중에서 가장 큰 덴투소[4]였어. 정말이지, 지금까지 큰 상어놈들을 많이 보아왔지만 말이야. 좋은 일이란 오래 가는 법이 없구나, 하고 그는 생각했다. 차라리 이게 한낱 꿈이었더라면 얼마나 좋을까. 이 고기는 잡은 적도 없고, 지금 이 순간 침대에 신문지를 깔고 혼자 누워 있다면 얼마나 좋을까.

  "하지만 인간은 패배하도록 창조된 게 아니야." 그가 말했다.
  "인간은 파멸 당할 수는 있을지 몰라도 패배할 수는 없어."

---

4) 덴투소 : 이빨이 고르지 않은 큰 상어의 일종

<드래곤 길들이기>와 <어린왕자>
_ 길들이기와 관계 맺기

저는 평소 애니메이션을 즐겨 보는 편입니다. 옛날 방식으로 표현하면 '만화 영화'를 즐겨 보는 거죠. 동화책도 가끔 읽는 편입니다. 어렵지 않으면서도 생각하게 할 게 참 많습니다. 애니메이션 한 편을 보고 에스컬레이터를 타고 내려오는데 뒤에서 들리는 어떤 아이의 질문이 기억에 남습니다.

"헤어지지 않고 오래오래 같이 살아가면 좋을 텐데, 사람들은 왜 헤어져야 하는 거예요?"

그러게, 우리는 왜 헤어져야 하는 걸까요? 헤어지고 만나고 하는 일들이 무슨 의미일까요? 어찌 보면 그런 일들을 당연하게 여기며 별생각 없이 살아왔을지도 모릅니다. 아이의 질문에 차근차근 답을 해보려 합니다.

만남과 헤어짐에 대한 아이의 질문

영화 <드래곤 길들이기 3>을 보고 돌아오는 길이었습니다. 이미 1, 2편을 본 적이 있어 결정은 어렵지 않았습니다. 홍보물에는 "지금까지 시리즈가 거쳐 온 시간에 대한 감정적 여진을 남긴다."

는 미국 매체 〈버라이어티〉의 평가가 적혀 있더군요. 평가야 어찌 되었든지 영화를 보는 내내 저는 감탄했습니다. 애니메이션이 갖춰야 할 시각적 요소가 정말 훌륭했습니다. 특히 마지막 장면에서 드래곤들이 화려하게 비상하는 장면은 인상적이었습니다. '영화 선택을 잘했어'라는 뿌듯함까지 느끼게 해주었습니다.

3부작으로 이루어진 이 영화는 원작 소설이 있습니다. 세계적으로 700만 부가 팔렸다는 영국 작가 크레시다 코웰의 동명 소설을 바탕으로 3편의 애니메이션이 만들어집니다. 흔히 그렇듯이 영화로 만들어지면서 주요 뼈대만 제외하고 약간의 이야기가 수정되었다고 합니다. 처음에 원작자는 이야기를 고치는 것에 반대했다고 하네요. 그러다 자신의 아이들과 함께 영화를 보고서야 작가 역시 감독의 팬이 됐다고 합니다. 그만큼 아이들의 눈높이를 고려해서 각색했다고 할 수 있습니다. 무엇보다 애니메이션의 하이라이트라고 할 수 있는 화려한 시각적 요소는 이야기를 떠받치기에 충분할 만큼 압권입니다.

1편은 시리즈의 주인공인 히컵의 성장 이야기입니다. 버크섬에서 살아가는 바이킹족들은 그들을 위협하는 드래곤들을 오직 싸워서 무찔러야 하는 대상으로 여기며 살고 있습니다. 이 마을의 부족장인 주인공의 아버지 역시 누구보다 드래곤들을 정복의 대상으로 생각하죠. 부족장인 아버지의 눈에는 심약한 아들(히컵)

이 마음에 들지 않습니다. 히컵이 허약체질인데다 드래곤을 정복의 대상이 아니라 공존의 대상으로 생각하기 때문이죠.

그러나 히컵은 이 모든 상황을 극복하고 드래곤 희귀종인 나이트 퓨어리(투틀리스)와의 우정을 바탕으로 드래곤과의 공존을 이끌어 내게 됩니다. 히컵의 아버지도 결국은 아들과 드래곤과의 우정을 인정하면서 이야기는 끝이 납니다. 2편은 1편에 나오지 않았던 히컵의 어머니를 찾아가는 이야기입니다. 건장한 청년으로 성장한 히컵은 죽은 줄 알았던 엄마를 만나 용기를 얻고 드래곤을 배척하려는 마을 사람들을 설득해 드래곤 구출 작전을 성공적으로 마무리합니다.

드래곤을 진정한 친구로 인정하는 순간

3편은 시리즈 중에서 가장 위협적인 빌런이 등장합니다. 드래곤 사냥꾼 '그리멜'이 나타나 갈등 구조의 긴장감을 한층 끌어올립니다. 청년으로 성장한 히컵은 바이킹족을 이끄는 어엿한 리더가 되어 사람들과 드래곤의 공존을 유지할 새로운 공간을 찾아 떠납니다. 어릴 적 아버지가 들려주었던 '히든 월드'의 전설을 떠올리고 적들의 위협에서 벗어나기 위해 그곳을 찾아가는 모험을 감행합니다. 우여곡절 끝에 그리멜과의 최후 전투에서 승리합니다. 하지만 곧 바이킹족들은 피할 수 없는 선택 앞에 마주하게 되죠. 드래곤들과 계속 함께 해야 할지, 헤어져야 할지 깊은 고민에 빠지게 됩니다.

영화의 주제가 드러나는 이 장면은 관계를 맺는다는 것은 무엇이고 진정한 관계란 어떤 것인지를 관객들에게 묻습니다. 사랑하기 때문에 함께 해야 할까요? 아니면 사랑하기 때문에 각자의 삶을 찾아 헤어져야 할까요? 바이킹족들은 진정한 사랑과 공존의 의미를 되새기며, 그동안 함께 했던 모든 드래곤 친구들을 그들의 평화로운 은신처인 히든 월드로 보내주기로 합니다. 그리고 그 순간 6만여 마리의 드래곤들은 이별의 아쉬움을 털어버리기라도 하듯, 힘껏 비상하면서 영화의 피날레를 장식합니다.

영화를 본 사람들은 이런 질문을 떠올렸을 겁니다. 영화 대사에도 나오는 말이기도 한데요. '과연 드래곤들은 사람들과 함께 사는 것을 원할까?'라는 거지요. 사람들의 입장에서가 아니라 드래곤들의 입장에서 이 물음은 중요합니다. 언제나 결정의 주체로 살던 사람들이 길들이는 대상으로만 여겼던 드래곤들을 진정한 친구로 인정하는 순간이기 때문이지요.

어쩌면 이 질문은 영화가 관객들에게 던지는 실질적인 주제에 관한 것인지도 모릅니다. 사람들은 자신의 입장에서 생각하고 판단하는 것이 습관화되어 있지요. 말하기는 쉬워도 상대의 입장에서서 상황을 살펴본다는 게 참 쉽지 않은 일이지요. 누구나 상대를 길들이기를 원하지, 길들여지는 걸 바라지는 않을 테니까요.

진정한 '길들이기'는 존중과 공존

프랑스 사회학자인 피에르 부르디외(Pierre Bourdieu : 1930~2002)

는 그의 책 《구별짓기》에서 '길들이기'를 더 확장해서 분석합니다. 그의 메시지는 우리에게 많은 생각거리를 던져줍니다. 알맹이만 요약하자면 자유·평등·박애를 기본 이념으로 하여 혁명을 이루어 낸 후 지금까지 200년이 지난 현대사회가 과연 이러한 이념들을 제대로 실현했는가는 대단히 의문스럽다는 겁니다. 여전히 보이지 않는 불평등이 사회 곳곳에 남아 있다는 것이죠.

그는 이러한 불평등이 계층 사이의 구별 짓기를 통해 교묘히 사람들을 길들이고 있다고 주장합니다. 힘 있는 자가 힘 없는 자를 지배하고 체제를 유지하기 위해 교묘한 길들임이 이루어지고 있다는 거죠. 한 번쯤 생각해 볼까요? '우리는 누군가를 진심으로 존중하는 것인지, 아니면 진심을 가장하거나 왜곡해 누군가를 지배하려 하지는 않았는지.' 말이죠.

그런 면에서 이 영화는 단순히 어린이들만을 위한 애니메이션이라고 치부할 수는 없을 듯합니다. 결국 영화에서 사람들은 드래곤들이 더 나은 행복을 찾아가기를 바라는 마음에서 고통스럽지만 이별을 선택합니다. 집착하며 붙들어 두는 게 아니라 드래곤들을 놓아주는 장면은 이 영화의 가장 아름다운 부분입니다. 진정한 '길들이기'는 자신의 욕심을 채우는 것이 아니라 상대를 존중하며 원하는 것을 이룰 수 있도록 해준다는 것이죠. 그럴 때 길들이기는 폭력의 언어가 아니라 공존의 언어로 탈바꿈하게 되는 겁니다.

영화는 길들이기가 배려로 바뀌는 행복한 경험을 보여주지만 현실에서 이런 일들은 쉽게 찾아볼 수 없습니다. 이 영화가 판타지인 것은 공룡과 같은 비현실적인 인물이 등장하기 때문만은 아닙니다. 영화의 메시지가 현실의 결핍을 채워주기 때문입니다. 주인공의 아버지가 아들에게 던지는 말들을 곱씹어 봅니다.

"사랑은 소중한 만큼 슬픈 법이지."

"사랑엔 이별이 따르지만 그건 그만한 가치가 있단다."

어린 왕자가 깨달은 '길들이기와 관계 맺기'

우리에게 관계의 의미와 진정한 길들이기에 대해 알려준 다른 이야기를 해보겠습니다. 많이 알려져 있으나 정확히는 모르는 이야기 중의 하나가 생텍쥐페리(Antoine Marie Roger De Saint Exupery, 1900~1944)의 《어린왕자》입니다. 우선 책의 내용을 간략히 들여다보죠. 비행기로 세계 일주를 하던 비행사의 비행기가 사막 한가운데에서 갑작스럽게 고장이 납니다. 비행기를 고치던 비행사는 어린 왕자를 만나게 됩니다. 비행사에게 어린 왕자는 자신이 살던 별의 이야기를 해줍니다. 어린 왕자는 자신이 키우던 장미가 자존심이 아주 세서 그 오만함을 고쳐주려고 여러 별들로 여행을 떠났다고 말합니다.

첫 번째 별에는 권위적이고 추앙 받기를 원하는 왕이 살았고, 두 번째 별에는 자신을 칭찬하는 말밖에 들으려 하지 않는 허영이 가득한 사람이 살고 있었죠. 세 번째 별에서는 술을 마시는 것을 부끄러워 하지만, 그 부끄러움을 잊기 위해 다시 술을 마시는 술꾼을 만나죠. 네 번째 별에는 우주 5억 개의 별이 모두 자기 것이라고 되풀이하여 세고 있는 아주 부유한 상인이 살고 있었습니다. 다섯 번째 별에는 1분마다 한 번씩 불을 켜고 끄는 일을 하는 사람이 살고 있었죠. 여섯 번째 별에는 자신이 살고 있는 별도 직접 탐사해 보지 못한 지리학자가 살고 있었습니다.

가는 곳마다 결핍되거나 이기적인 사람들을 만나고, 진정한 행복의 의미를 깨닫지 못한 사람들을 경험한 어린 왕자는 다음 별로 옮겨갑니다. 일곱 번째 별이 바로 지구였죠. 어린 왕자는 지구에서 지혜로운 여우 한 마리를 만나게 됩니다. 이야기가 끝이 날 무렵 비행사는 어린 왕자가 죽었다는 사실에 많이 슬퍼합니다. 슬픔이 어느 정도 가라앉을 때쯤 생각해 보니 어린 왕자의 시체가 없었다는 점을 다시금 떠올리게 됩니다. 결국, 어린 왕자가 자신의 별로 돌아갔다는 것을 깨닫고 밤하늘의 별을 보며 빙그레 웃지요.

마음으로 이해하고 책임지는 것

지구에서 만난 여우가 어린 왕자에게 '길들이기'의 의미를 일깨워 주는 장면이 나옵니다. 설명보다는 생각해 보는 것이 글의 여운을 더 길게 느낄 수도 있습니다. 조금 길지만, 책의 의미를 크게 훼손하지 않는 선에서 조금 수정해서 인용하겠습니다. 어린 왕자와 여우가 만나 이야기를 나누는 장면을 한번 보시죠.

(여우) "난 너하고 놀 수가 없어. 난 길들여지지 않았거든."
(어린 왕자) "길들인다는 게 뭐지?"
(여우) "그건 관계를 맺는다는 뜻이야. 넌 아직까지 세상에 있는 셀 수도 없이 많은 아이들과 다를 게 없는 한 아이에 지나지 않아. 그래서 난 네가 필요 없어. 너도 물론 내가 필요 없겠지. 나도 세상에 흔한 여러 여우들과 특별히 다를 게 없는 여우에 불과할 거야. 그러나 만약 네가 나를 길들인다면 서로에게 필요한 존재가 돼. 너는 나한테 이 세상에 단 하나밖에 없는 친구가 될 거야. 그리고 나도 너한테 세상에 단 하나밖에 없는 친구가 될 거구."
(어린 왕자) "그럼 어떻게 해야 하는 거지?"
(여우) "넌 아주 참을성이 있어야 돼. 말은 하지 마. 말은 오해의 근원이지. 그러나 하루하루 조금씩 더 가까이 다가와 앉아도 돼."
이렇게 해서 어린 왕자는 여우를 길들입니다. 그리고 이별의 시간이 다가왔습니다. 그는 여우를 만나러 돌아왔습니다.
(여우) "내 비밀은 이런 거야. 매우 간단해. 마음으로 보지 않으면 잘 볼 수 없어. 알맹이는 눈에 보이지 않는 거란다."
어린 왕자는 여우가 들려주는 말을 잊지 않으려고 따라 말하기 시작했습니다.
(여우) "너의 장미를 그렇게 소중하게 만든 것은 네가 장미와 함께 한 시간 때문이야."

(어린 왕자) "네가 장미와 함께 한 시간 때문이야."

(여우) "사람들은 이 진실을 잊어버렸어. 그러나 넌 잊으면 안 돼. 네가 길들인 것에 넌 언제나 책임을 지는 거야. 넌 네 장미한테 책임이 있어."

(여우) "사막이 아름다운 건 어디엔가 우물이 숨어있기 때문이야. 눈으로는 찾을 수 없어. 오직 마음으로 찾아야 해."

당신의 아지트는 어디인가요?
_ 다른 상상의 공간, 헤테로토피아

〈오블리비언〉(2013)은 '지구 최후의 날'을 모티프로 한 SF영화입니다. 조셉 코신스키 감독이 연출을 맡아 화려한 비행 액션이 볼만했습니다. 코신스키 감독은 이후 〈탑건 : 매버릭〉(2022)을 만들었습니다. 영화는 60년 전 외계인의 침공으로 지구는 파괴되고, 대부분의 인류가 토성의 위성인 타이탄으로 이주한 상황을 그립니다. 지구에 홀로 남은 마지막 정찰병인 잭 하퍼(톰 크루즈)는 60년 전 실종된 오디세이호의 생존자인 줄리아(올가 쿠릴랜코)를 우연히 만나게 되고, 그녀와 함께 지구 파괴를 둘러싼 음모를 파헤칩니다.

가장 인상적인 장면은 파괴된 지구에서 잭 하퍼가 유일하게 안식처로 느끼는 오두막이 나오는 부분입니다. 첨단의 문명이 지배하는 공간에서 주인공이 휴식을 취하는 자연 속의 오두막 한 채는 영화를 보는 관객들에게 지구가 파괴되기 전의 자연환경을 떠올리게 하고, 영화 전체를 통해 인류의 근원적인 향수를 느끼게 하는 곳으로 묘사됩니다.

지구 침공 세력들에 의해 자신의 존재를 왜곡 당한 채 살아가던 주인공이 정체성을 확인해 가는 과정에서 등장하는 오두막은 상징성이 강한 공간입니다. 과학 문명의 최정점이 아무리 화려하더라도 인간의 내면에는 버릴 수 없는 공간이 존재한다는 것을, 짧은 순간이지만 강렬하게 드러냅니다.

제목 'Oblivion'은 의식하지 못하는 상태, 즉 망각을 뜻합니다. 물길이 흘러 아무리 큰 바다를 이루더라도 그 시작은 작은 물방울 하나였듯이, 첨단 문명의 시원(始原)에도 망각할 수 없는 장소가 존재한다는 것이죠. 과학 문명이 지배하는 세계에서 이질적이지만 담백하게 표현되는 오두막은 진정한 안식처가 되는 공간이 어떤 곳인지를 생각하게 합니다.

시간적 효율을 추구한 근대

'살아간다'라는 행위에는 시간과 공간의 얽힘과 연속이 필수적으로 전제됩니다. 공간 위에서 시간을 엮어가는 것인지, 시간의 축 위에 공간이 얽혀있는지는 너무 어려운 철학과 물리학의 영역입니다. 다만 분명한 것은 시간과 공간은 인간의 삶이 영위되는 과정에서 씨줄과 날줄이 된다는 사실이죠. 서양의 근대성은 시간을 지배함으로써 완성될 수 있었던 것인지도 모릅니다. 서구의 합리성이 그토록 집요하게 밝히려 했던 인과성이야말로 시간의 핵심 개념입니다. 많은 사상가와 과학자들이 시간적 연속성을 바탕으로 인과성에 주목했던 이유이기도 하지요.

시간의 선형적 흐름을 제어해야 발전할 수 있다는 확고한 그들의 믿음은 한편으로는 정확히 들어맞았고, 한편으로는 예상하지 못한 부작용도 가져왔지요. 합리성을 기반으로 한 과학 문명은 눈부시게 발전했고, 계몽에서 시작한 서구 근대철학은 분명 빛나는 결과를 만들어 냈습니다. 반면, 시간을 기반으로 한 합리성을 중시한 그들의 사고 체계는 효율성을 극대화하기 위해 사회를 획일적이고 일률적인 체제로 만들었다는 비판을 받게 됩니다.

시간성을 통제하는 것만으로는 다양하고 복잡하게 얽혀있는 사회 현상에 대해 제대로 설명할 수 없다는 자각이 생기면서 근대라는 진보의 수레바퀴는 잠시 멈춰 서게 되죠. 이른바 현대의 '비판 철학'이 등장하게 된 계기는 어찌 보면 시간성에만 주목했던 서구 문명의 불균형에서 온 것이라고 할 수도 있습니다. 이런 반성이 가져다준 결과물이 공간에 대한 새로운 해석이었습니다.

공간에 대한 새로운 해석, 미셸 푸코

효율성을 추구하던 근대는 시간에 대한 탐구와 통제가 더욱 중요했지요. 성장하고 발전하기 위해서는 신속해야 했고, 속도가 필요했으며 고효율의 성과는 시간과의 싸움에서 이겨야 가능했습니다. 이런 인식이 지배하는 동안 공간은 부차적이고 부수적인 요소였습니다. 이런 가운데 사회는 더욱 복잡해졌으며, 사회의 근간이 되는 다양성과 차별성을 시간성만으로는 설명하기 어려워졌습니다. 사회의 모순과 불확실성에 대해서 인과적 설명이 불가능하다는 사실을 간파하기 시작했지요.

공간에 대한 인식을 달리해야 한다고 주장한 대표적인 사람이 프랑스 철학자, 미셸 푸코(Michel Paul Foucault, 1926~1984)입니다. 푸코는 인간의 삶을 연결하는 '관계'에 주목한 철학자입니다. 그는 시간성을 따라 전개되는 삶의 거대한 흐름보다는 공간들이 연결해 주는 그물망 같은 관계의 집합에 주목해야 한다고 강조합니다. 그 이해의 테두리 안에서 현대인들의 삶이 노정하는 복잡함과 병렬성, 분산성을 설명할 수 있다고 말합니다.

그는 공간을 삶의 '배치'라는 관점으로 접근했습니다. 공간을 단순한 지대나 구역이 아니라 사회적 산물이며 사회의 원동력으로 인식한 것이죠. 그는 개별 공간의 독립성보다는 주변 공간과 맺는 관계인 배치에 의해 현대 사회를 규정할 수 있다고 봅니다. 이를테면 거리라는 공간에 도로라는 공간이 놓이고, 정류장이라는 공간이 만들어지면서 도시가 배치된다고 말합니다. 각각의 공간이 맺는 공간적 관계망을 이해할 때 현대 사회의 복잡한 문제들을 정확히 판단할 수 있다는 것입니다.

유토피아와 헤테로토피아

푸코가 현대 사회의 공간성에 보인 관심은 어떤 철학자보다도 특별합니다. 나아가 공간에 대한 그의 인식과 천착은 탁월합니다. 영국의 공리주의 철학자 벤담(Jeremy Bentham, 1748~1832)이 처음 사용했지만 크게 주목받지 못했던 원형 감옥인 '파놉티콘(Panopticon)'의 개념을 현대의 규율과 감시사회의 특징으로 자리 잡게 했던 인물이 바로 푸코였습니다. 그는 공간적 관계망인 다양한 '배치'들 중에서도 유토피아(Utopia)와 헤테로토피아(Heterotopia)에 특히 주목했습니다. 그의 설명에 따르면 이 두 공간은 다른 배치들과 연결되면서도 동시에 다른 모든 배치들과 어긋나는 특성을 지닙니다.

푸코는 유토피아를 실제로 공간이 없는 배치이기 때문에 비현실적이지만, 가장 근본적인 공간이라고 규정합니다. 토마스 모어(Thomas More)가 1516년에 발표한 소설 〈유토피아〉에 처음 소개된 이 단어는 '아무 데도 없는 곳'이라는 뜻의 그리스어로, 흔히 '이상향'으로 번역됩니다.

누구나 지향하는 공간이지만 존재하지 않기 때문에 말 그대로 이상적 공간이라는 것입니다. 푸코는 완벽한 이상적 사회 체제가 정립된 곳이 유토피아이기도 하지만, 정반대로 현실 사회에 완전히 대립하는 사회가 유토피아라고 언급합니다. 달리 말하면 유토피아가 이상적 사회에 대한 동경을 표현하기도 하지만, 현실이 지닌 필연적인 결핍으로 인해 존재하지 않는 곳을 떠올릴 수밖에 없게 하는 곳으로도 보았죠. 그러므로 유토피아는 이상적 공간에 대한 동경과 현실 세계에 대한 비판을 동시에 담고 있다고 말합니다.

유토피아가 '없는 곳'이면서도 지향성을 표현하는 공간이라면 조지 오웰(George Orwell, 1903~1950)이 소설《1984》에서 그린 디스토피아(Distopia)는 전체주의 사회 속에서 감정과 희망 등의 인간적 아름다움을 잃어버린 실낙원(失樂園)입니다. 현대 사회의 온갖 부정적 측면들로 가득 차 있는 공간의 집결이라고 할 수 있겠지요. 이상향이든 실낙원이든 사람들의 공간에 대한 근원적 성격을 파악하려고 하는 노력으로 이해한다면 공간성에 대한 관심은 부정할 수 없는 삶의 중요한 측면이 됩니다. 유토피아와 디스토피아 모두 공간에 대한 의미를 부여하고 있지만 실제로 존재하기 어렵다는 점에서는 비현실적 의미를 지니는 곳입니다.

푸코는 이상향과 실낙원 사이에 실재하는 현실의 공간을 찾아냅니다. 그가 제시한 공간이 바로 헤테로토피아입니다. 헤테로(Hetero)는 서로 다른, 이질적이라는 의미의 그리스어입니다. 헤테로토피아는 이질적인 공간을 의미하는 것이죠. 푸코는 헤테로토피아를 모든 문화에 존재하고 실재하는 공간적 배치라고 설명합니다. 어디에도 없는 유토피아와 달리 헤테로토피아는 어디든 존재하는 공간입니다. 유토피아가 상상 속에서만 존재하는 곳이라면 헤테로토피아는 유토피아적인 이상적 세계를 구현하면서도 '실제로 존재하는 곳'입니다. 다만 푸코는 이 두 관계는 공간의 있고 없음을 따지는 반대 개념이 아니라는 것을 강조합니다. 서로가 서로에게 영향을 주고받으며 투사되는 상호성을 갖는 관계라고 보았죠.

푸코가 제시한 헤테로토피아의 핵심 개념은 '반(反) 배치'의 의미입니다. 질서정연한 일상에서 구현된 공간과는 다소 어울리지 않지만, 한 사회가 구축한 정상적인 공간적 관계에 균열을 일으켜 일상의 인식에 이의를 제기하는 공간이라고 개념화합니다. 규율과 질서에 이의를 제기하며 저항적 의미를 갖는 곳이 헤테로토피아인 것이죠. 일상적 공간의 바깥이면서 안이 될 수 있는, 경계이면서 공간인 뫼비우스의 띠와 같은 헤테로토피아를 '상상력이 공간으로 표현되는 모든 곳'이라고 표현하면 과장일까요.

'비효율적인 곳'의 쓸모

이러한 이의 제기는 두 가지 양상으로 구현됩니다. 첫째, 현실의 환상성을 고발하는, 새로운 환상을 드러내는 공간을 만들어냄으로써 지금의 현실이 환상에 불과하다는 것을 폭로하는 것이죠. 화려한 놀이공원이 가지는 판타지와 환상은 현실에 실재하지만 사실은 현실이 아닌 것입니다. 비싼 입장료를 지불하고 몇 시간을 환상적으로 보내기는 했지만 그 공간을 나오는 순간 신기루는 사라지고 현실은 누추한 일상이 돌아옵니다.

일상에 지치고 피로감을 느낄 때 찾아드는 자그마한 텐트 속이

나 마당에 있던 작은 창고와 다락방은 유토피아를 구현하는 실제 존재하는 곳이죠. 서울 도심의 한가운데에 존재하는 한옥의 오래된 옛집 지붕으로 이어진 카페들은 단순히 복고풍으로 이해할 게 아니라 우리가 근본적으로 가지고 있는 공간의 근원성, 즉 헤테로토피아의 특성을 잘 구현해 내는 것이죠.

유토피아적 꿈을 꿀 수 있는 곳, 이를테면 흔히 '아지트'라고 부르는 공간이 헤테로토피아일 수 있는 것입니다. 현대 사회의 효율성과 질서에서 조금 비껴나 있지만 근원적 공간의 안락함을 느끼게 할 수 있는 곳들이 존재한다는 것이죠. 누군가 '이 좋고 비싼 공간을 왜 이렇게 놀리고 있지?'라는 의문을 가진다면, 그때의 공간은 자본의 가치와 지배 질서의 논리로 볼 때 '돈도 안 되고, 비효율적인 곳'이라고 할 수 있지요. 그러나 헤테로토피아적 시각으로 본다면 그 공간이 주는 안락함이 질서에 균열을 일으키면서 근원적 재미와 평화로움을 가져올 수 있는 '돈보다 더 중요한 가치를 지닌 곳'이 될 수도 있는 것입니다.

둘째, 헤테로토피아는 우리가 살아가는 일상의 공간에 대해 성찰을 이끌어내는 역할을 하기도 합니다. 완벽한 질서가 구현된 공간을 만들어 냄으로써 현실의 공간이 얼마나 무질서한 상태인지를 역설적으로 드러나게 합니다. 이를 통해 현실에 이의를 제기하는 것이죠.

푸코가 제시한 대표적인 공간이 정원(庭園)입니다. 서울 한 복판에 있는 고궁을 떠올려 보시면 사람들이 왜 그곳을 찾는지 이해가 될 수도 있지 않을까요. 현실에 존재하는 유토피아적 공간이면서 일상의 바깥에 있는 장소들이 바로 헤테로토피아입니다.

푸코는 일상의 모든 공간에 존재하지만 현실의 유토피아로 여겨질 수 있는 다양한 공간을 헤테로토피아라는 개념으로 정의합니다. 서로 관련성이 없어 보이지만 현실에 균열을 내면서 일상의 공간에 이의를 제기하는 곳들을 묶어 표현한 거죠. 영화 〈오블리비언〉에 나오는 오두막이 푸코가 제시한 대표적인 정원이지요. 가공되지 않은 자연의 환상을 창출함으로써 과학 문명의 삭막하지만 완전해 보이는 세계가 얼마나 인공적인지를 적나라하게 드러내기 때문입니다. 오두막이라는 공간은 자연성을 완전히 드러내며 헤테로토피아를 나타냅니다.

거울 속 얼굴, 실재하거나 하지 않거나

유토피아와 헤테로토피아는 반대되는 개념의 공간이 아닙니다. 실제 존재하는 공간이면서 현실에서 결핍되어 느끼지 못한 근원적 가치를 발견하게 하는 곳이라면 헤테로토피아가 될 수 있습니다. 푸코는 거울의 속성을 빌려와 이 두 공간의 특징을 설명합니다.

지극히 현실적인 상황을 한번 가정해 볼까요? 자, 여기에 전신 거울이 하나 있습니다. 슬픈 일을 겪은 영희는 억지로라도 미소를 지으며 거울을 바라보고 있습니다. 영희가 거울을 볼 때 거울은 영희가 없는 곳에서 영희를 바라보고 있습니다. 거울 속에는 영희가 있지만 거울 속의 영희는 실재의 영희가 투사된 그림자에 불과하죠. 다시 말해 거울은 영희에게 거울 속의 영희를 바라보게 하는 가시성을 제공합니다. 그리고 자신을 바라볼 수 있게 해주죠.

그런데 그 거울 안에는 영희가 실제로 없습니다. 그림자일 뿐이죠. 이런 설정은 거울이 영희에게 잠시나마 유토피아가 되게 하는 이유를 설명해 줍니다. 그런데 거울은 동시에 헤테로토피아가 되기도 합니다. 거울 속의 비실재적 공간과의 관계 속에서 실재하는 '영희'가 배치된다는 점에서 거울은 헤테로토피아가 됩니다. 푸코는 거울을 바라보고 있는 실재하는 영희와 거울에 비친 영희를 통해 헤테로토피아와 유토피아를 설명합니다. 헤테로토피아가 반영된 장소가 유토피아이면서 유토피아가 실재하는 곳이 헤테로토피아가 됩니다.

공간에 대한 다른 상상

푸코가 생전에 아이디어로 제시했던 헤테로토피아는 비록 그가 완성하지 못하고 미완성의 상태로 남아있지만, 그의 통찰은 많은 영감을 주면서 동시에 우리를 반성하게 합니다. 헤테로토피아가 제시하는 비일상적 균열은 현대 사회와 공간을 다시 바라보게 합니다. 건축이 단순히 도시를 설계하는 공학에 그치지 않고 공간에 대한 잠재의식을 깨우기를 희망하고, 문학과 예술이 도시의 공간을 어떻게 재구성할 수 있는지를 생각하게 합니다. 현대인들의 삶에 공간이라는 개념을 확장하는 데 창조적 동기와 자극을 줍니다.

공간을 자본의 개념으로만 바라보는 인식 속에 머물게 되면, 공간은 평당 얼마짜리 거래의 개념으로만 남겠지요. 또는 기능에 적합한 정도를 따지며 효율성의 영역에 머물 것입니다. 자본주의 사회를 살아가는 개인이 공간을 자본의 가치로 바라보는 것은 당연한 것이며 비난할 순 없습니다. 다만 공간의 공공성은 다른 시각으로 볼 수 있지 않을까요.

서울 은평구에 위치한 〈서울혁신파크〉는 인근 주민들의 '정원'으로 휴식과 산책의 공간입니다. 하지만 최근 발표된 서울시의 개발 공약에 따라 머지않아 공원은 사라지고 마천루가 들어서는 공간으로 바뀌겠지요. 개발의 이름으로 자본의 유토피아가 성사될 수 있겠지만 헤테로토피아로서의 공간 하나가 사라지는 것입니다.

욕망은 어떤 방식으로 모방되는가?
_ 희생양을 만드는 집단폭력의 무의식

넷플릭스를 통해 방영된 드라마 〈더 글로리〉는 고등학교에서 집단폭력을 당했던 피해자가 성인이 되어 가해자들을 복수한다는 내용입니다. 드라마의 서사를 이해하기 위해서는 인물들의 갈등 구조뿐만 아니라 배경을 이해하는 것도 중요합니다. 학교라는 집단은 근대에 만들어진 교육 기관입니다. 경제적인 측면에서만 보자면 근대는 산업혁명이 가져다준 대량생산 체제에 의해 시작됩니다. 근대는 모든 분야가 급성장하는 발전의 시대였죠. 성장하는 사회가 요구하는 더 높은 생산성을 갖춘 노동자를 만들기 위해 국가와 자본가들은 '교육'의 필요성을 해결해야 했죠. 원활한 노동력을 길러내기 위해서는 글을 가르쳐야 했고, 사회의 규율에 순응해야 하는 이유를 가르쳐 체제 순응적인 인간들을 길러내야 했습니다.

이 역할을 담당한 곳이 학교입니다. 〈더 글로리〉의 주요 제재인 '학폭'은 냉정하고 객관적인 시각으로 봐야 합니다. 사회학적 시각에서 보면 학교는 서열과 권력이 교묘하게 작용하는 곳이기도 합니다. 사회의 폭력과 권력의 속성이 학교로 옮겨오는 현상은 어찌보면 당연한 수순입니다. 학교에서 힘없이 당하기만 하는 피해자는 학교 폭력의 피해자가 아니라 사회의 구조를 모방한 학교에서 이루어진 사회적 폭력의 희생자인 것이죠. '학폭'은 순진한 미성년의 학생들의 우발적인 실수가 아니라 학교 구성원들이 부지불식간에 사회의 서열구조를 습득하는 과정에서 삐뚤어진 권력을 모방하며 일어난 명확한 범죄입니다.

학교가 숨겨온 사회적 욕망과 폭력

집단폭력이라는 예민한 부분을 다루는 이 드라마는 높은 시청률을 기록했습니다. 사회 내에 존재하는 집단폭력에 대한 트라우마가 시청률로 이어진 덕분입니다. 정의가 정상적으로 작동하지 않는 사회에 대한 대중의 내면적 반발이 표현된 것으로도 볼 수 있습니다. 얼마 전 고위직 관료가 되려는 검사 출신의 후보자가 아들의 학교 폭력에 대처한 방식이 논란을 일으킨 적이 있습니다. 이런 학교 폭력의 사태는 단순히 신체적, 물리적 힘이 있는 가해자와 그 폭력을 막아낼 신체적 힘이 없는 피해자의 이원적 대립에서 벌어진 우발적 사고로 봐서는 안 됩니다.

그 바탕에는 우리 사회 기득권의 폭력성이 대물림된 것이 깔려 있습니다. 아울러 가해자들이 보인 피해자들에 대한 철저한 차별적 행태는 교묘하고 정교하기 때문에 더욱 섬뜩합니다. 학교 폭력은 기득권의 카테고리가 자신들에게 유리하게 작용할 수 있다는 믿음이 불러온 사회적 병리현상입니다. 법의 테두리를 약삭빠르게 빠져나간 가해자들을 처벌하지 못하는 사회는 국가의 존재 자체를 만듭니다. 드라마가 사람들의 공분을 일으킨 것도 같은 맥락으로 볼 수 있습니다.

플라톤의 〈국가〉 1권에 등장하는 청년 트라시마코스와 소크라테스의 문답은 법과 정의에 관한 논쟁이 아직도 유효하다는 점을 상기시킵니다. 대략 2500년 전의 질문을 우리는 아직도 해결하지 못하고 있습니다. 진정으로 뼈아프게 반성하고 해결해야 할 질문입니다. 정의가 무엇이냐고 묻는 소피스트인 트라시마코스의 물음에 소크라테스는 이렇게 내뱉습니다. "정의는 강한 자들의 이익일 뿐이지."

폭력성을 은폐하는 '박해 텍스트'

학교에서 일어난 폭력 사건의 밑바닥에는 모방된 욕망이 자리 잡고 있습니다. 그렇다면 인간들의 욕망은 어떻게 만들어지는 걸까요? 르네 지라르(René Noël Théophile Girard, 1923 ~ 2015)는 세르반테스의 소설 《돈키호테》를 분석한 적이 있습니다. 그가 진행한 연구에서 주목할 지점은 욕망을 설명하는 부분입니다. 고대 그리스의 현자(賢者) 아폴로니우스를 인용하면서 지라르는 흥미로운 이야기를 들려줍니다.

에페소스라는 도시에 페스트가 번지자 무질서와 혼란이 극에 달합니다. 절망한 사람들은 지혜로운 아폴로니우스를 찾아와 페스트를 낫게 해 달라며 애절하게 매달립니다. 그때 아폴로니우스는 힘없고 불쌍해 보이는 거지 한 명을 지목하죠. 저 거지가 바로 '페스트의 악령'이라고 알려줍니다. 그리고는 사람들에게 그를 향해 돌을 던지라고 명령합니다. 거지에게 돌 던지기를 머뭇거리던 사람들이 아폴로니우스의 명령이 계속되자 하나둘씩 돌을 던지기 시작합니다. 돌에 맞은 거지는 고통에 못 이겨 분노의 눈빛을 드러내기 시작합니다. 분노와 적대감으로 뒤덮인 눈빛을 확인한 사람들은 악령이 틀림없다며 주저하지 않고 돌을 던지게 됩니다. 아폴로니우스가 돌에 맞아 죽은 거지를 확인시켜 주기 위해 돌무더기를 헤쳐내자 그 자리에는 커다란 짐승 하나가 죽어 있었습니다. 이 일을 계기로 페스트는 끝이 나고 사람들은 거지, 즉 '페스트의 악령'이 죽은 그 자리에 자신들을 지켜주었다고 믿는 헤라클레스의 흉상을 세워 칭송합니다.

지라르는 이 이야기를 통해 인간성에 내재한 폭력성을 규명합니다. 설명에 따르면 사람들은 페스트와 같은 거대한 폭력적 상황을 해결하는 과정에서 죄 없는 희생양을 선택하게 됩니다. 그리고 대다수 사람들이 저지른 폭력을 감추기 위해 그럴싸한 이야기를 꾸며낸다고 말합니다. 당연하게도 이야기에서 강조되는 것은 대다수가 얻게 된 혜택과 보상입니다. 희생되는 거지에 대한 관심은 거의 드러나지 않습니다. 페스트를 이겨내는 과정에서 피해자였던 거지는 어쩔 수 없는 희생물일 뿐입니다. 지라르는 희생양(거지)에게 가해지는 폭력을 통해 다른 폭력(페스트)을 제압하려는 이 이야기야말로 사람들의 폭력성을 은폐하려는 의도로 쓰인 대표적인 '박해 텍스트'라고 규정합니다.

사회의 기득권자인 아폴로니우스가 거지를 희생양으로 선택한 것은 그가 또 다른 폭력을 유발할 힘이 없는 존재이기 때문입니다. 아폴로니우스가 거지를 '페스트의 악령'으로 지목한 것은 무질서와 혼란의 에너지를 배출할 출구가 필요했기 때문이었죠. 처음에 사람들이 거지에게 돌 던지기를 주저했던 것은 페스트를 잠재우기 위한 대체 폭력의 희생양으로서 거지가 선택된 사실을 몰랐기 때문입니다. 그러는 사이 잠재된 그들의 폭력성이 서서히 깨어났던 것이죠.

돌무더기에서 거지의 시체가 아니라 커다란 짐승의 시체가 나왔다는 부분은 거지에게 행사한 집단적 폭력의 본질을 은폐하기 위해 진실을 왜곡한 겁니다. 그렇다면 거지, 즉 '페스트의 악령'이 죽은 자리에 수호신 헤라클레스의 흉상은 왜 세웠을까요? 사람들에게 불편한 기억으로 남아있는 거지를 그냥 둘 수는 없었습니다. 그럴 경우 폭력의 광기에 사로잡혔던 죄의식이 해소되지 않기 때문이죠. 이럴 때 숭배라는 집단의례가 동원됩니다. 아름답게 미화할 수 있는 상징적 장치가 필요한 거죠. 신화적 존재인 헤라클레스를 끌고 들어와 그의 흉상을 세우는 겁니다. 집단의 폭력이 집단의 욕망으로 변화하여 신성한 이야기로 바뀌게 된 겁니다.

프로이트, 무의식의 발견

지라르의 해석을 받아들인다고 해도 질문이 생깁니다. 사회적 지위를 가진 현자가 사람들에게 폭력이라는 해결 방안을 제시했을 때, 사람들의 양심과 죄의식이 그 폭력을 부정할 수는 없었을까요? 페스트라는 질병이 한 사람의 악령에게서 시작되었다는 것도 이성적 인간에게는 이해하기 어려운 일입니다. 그런 점에서 위의 이야기가 고대로부터 이어져 온 이야기라는 점을 상기해 볼 필요가 있습니다. 이성이 인간의 행동을 통제할 수 있다고 믿기 이전의 이야기여야 수긍할 수 있으니까요.

이럴 경우 고대의 인간은 모두가 어리석은 사람들이라고 판단해야 합니다. 그렇지만 이런 설명은 현명한 해명이 될 수는 없지요. 문명 이전의 야만의 시대가 아닌데도 불구하고 폭력성과 폭력을 모방하면서 집단적 폭력으로 확산하는 인간의 심리적 현상이 해명되어야 합니다. 한 명의 희생자를 정해놓고 말 그대로 마녀사냥이라도 하듯 벌어지는 인간의 광기 어린 폭력성은 어디에서 나오는 것일까요? 고대의 이야기든지 현대의 드라마든지 시대를 불문하고 등장하는 인간의 폭력성은 어떤 방식으로든 설명되어야 합니다.

현대 철학은 이성을 통해 객관적이며 보편적인 진리를 찾을 수 있다는 근대 이성의 확고한 신념을 전면 부정하며 등장했습니다. 현대 철학에서 빼놓을 수 없는 부분인 정신 분석학이라는 학문을 만들고 탐구해나갔던 철학자가 지그문트 프로이트(Sigmund Freud, 1856 ~ 1939)입니다. "창을 던지는 대신 욕설을 최초로 사용했던 자가 바로 문명의 창시자이다."라고 선언한 프로이트는 대부분의 인간 행위가 자유롭거나 자발적으로 결정되는 것이 아니라 자신도 알지 못하는 무의식적 동기에 의해 이루어진다는 것을 밝혀냅니다. 그는 자신이 창시한 정신 분석학이 일으킨 충격을 코페르니쿠스에 비유한 적이 있습니다. 지동설을 주장해 신의 영역에 도전했다는 이유로 가톨릭이 지배하던 시대에 이단아로 몰렸던 코페르니쿠스의 과학적 혁명에 정신분석학을 빗댄 것은 무의식의 발견이 철학계로서는 그만큼 충격적인 사건이었다는 의미일 것입니다.

프로이트는 무의식을 단순히 우리가 알지 못하는 것이 아니라 우리가 알면서도 스스로 억압한 것, 그래서 의식에서 밀려난 것이라 보았죠. 비유하자면 이런 거죠. 바다에서 섬을 보았을 때, 바닷물의 표면 밖으로 드러난 섬이 의식이라면 섬의 아래 바다 밑에 광대하게 뿌리내리고 있는 훨씬 더 큰 부분이 무의식이라고 이해할 수 있습니다. 무의식에 비하면 의식은, 조금 과장해서 말하자면 빙산의 일각이라는 겁니다.

그는 정신이상과 같은 병리적 현상이나 무의미해 보이는 말실

수, 시공간의 질서나 논리적 연관이 무시되는 꿈을 무의식에 접근하는 주요 통로로 파악했습니다. 특히 프로이트는 꿈을 인간의 무의식적인 정신생활을 이해하는 지름길로 보고, 이를 위해 자유 연상법을 활용했습니다. 이를 무의식에 접근하는 과학적 방법이라 생각한 건 꿈 자체나 자유 연상, 그리고 인간의 모든 정신 활동은 결코 자의적으로 이루어지지 않는다고 이해했기 때문입니다. 인간의 정신 활동은 내면에서 갈등하고 부딪히는 여러 생각들 사이의 역학 관계에 의해 규정된다는 것이죠. 다시 말해 인간의 진짜 욕망은 무의식에서 발현되는 심리적 현상이라는 거죠.

'욕망의 삼각 구조'

르네 지라르는 근원적인 폭력성을 설명하면서 욕망이 어디에서 비롯하는지 관심을 보입니다. 가시화되고 표면화된 욕망은 사회 구성원들의 동의를 얻어야 하고, 정당성을 가져야 합니다. 이 과정에서 폭력이 올바르다고 평가받을 수는 없지요. 그래서 그는 욕망이 발생하는 구조를 찾아내고, 이를 '욕망의 삼각형 구조'로 불렀습니다. 프로이트가 인간의 무의식을 발견해냈다면 지라르는 문학작품을 분석하는 과정에서 무의식이 욕망과 어떻게 연결되는지를 찾아낸 학자로 볼 수 있습니다. 지라르는 소설을 분석하면서 무의식을 주인공의 욕망이 발현되는 근원이라고 본 거죠.

그가 설명한 소설 《돈키호테》를 다시 들여다보겠습니다. 아마디스는 돈키호테가 즐겨 읽던 중세 기사도 이야기 속의 주인공입니다. 잘 생긴데다가 고결한 정신과 강한 무예를 지녔으며 단 한 번도 패한 적이 없는 위대한 기사입니다. 주인공 돈키호테는 전설의 기사 아마디스를 동경하죠. 그가 지향하는 기사도 정신은 모두 아마디스에게서 나온 것입니다. 다시 말해 이상적인 기사가 되고자 하는 돈키호테의 욕망은 자신의 내부에서 우러난 것처럼 보이지만 실은 이상적인 기사가 되고자 했던 아마디스의 욕망을 모방한 것일 뿐입니다. 이처럼 주체가 어떤 대상을 자발적이고 직접적으로 원하는 것 같지만 사실은 그 사이에 매개자가 있으며, 그 매개자를 무의식적으로 따르게 된다는 것이 르네 지라르가 말한 욕망의 삼각 구조입니다.

삼각형을 이루는 욕망 구조에서 중요한 것은 매개자입니다. 매개자로 기능하기 위해서는 일정한 조건이 필요합니다. 소설《돈키호테》에서는 매개자인 아마디스가 돈키호테보다 훨씬 우월한 위치(전설의 인물: 외적 매개)에 있기 때문에 거부감 없이 돈키호테에게 무의식적으로 선택됩니다. 이럴 경우 욕망의 주체는 매개자를 모방하고 있다는 사실을 쉽게 받아들일 수 있습니다.

그러나 욕망의 주체와 매개자(현실의 인물: 내적 매개) 사이에 욕망이 실현 정도에 차이가 없어지게 되면 주체에게 매개자는 자신과 동일한 대상을 욕망하는 경쟁자가 되어 버립니다. 지라르는 매개자가 경쟁자가 되면서 매개자에 대한 주체의 선망은 점점 증오로 바뀌어간다고 설명합니다. 그리고 주체와 매개자의 경쟁은 더욱 치열해지며, 이 과정에서 둘은 서로를 매개자로 삼는 '상호 매개'에 빠지게 됩니다.

만약 욕망의 주체와 그 주체의 욕망을 모방하려는 매개자가 동일한 대상을 욕망하는 일이 벌어지면 두 존재는 끝없는 경쟁과 증오로 인해 걷잡을 수 없는 폭력을 낳게 됩니다. 예를 들어 한 여성을 사이에 둔 두 남성이 있다고 할 때, 본보기가 된 매개자인 남성과 그 남성의 욕망을 무의식적으로 동경한 다른 남성의 경쟁은 최후에는 공동체의 차원으로 확대될 경우 심각한 폭력으로 변질될 가능성이 있습니다. 사회 전체의 차원으로 확대해 보면 이런 경쟁관계는 개별 주체들에 국한된 문제가 아니게 됩니다. 시간이 지나면 이러한 두 존재의 양상은 무수하게 증가하게 되며, 마침내 공동체 전반으로 파급되어 사회 전체가 위기 상황을 맞게 될 수도 있습니다.

위기 시 작동하는 '희생양 메커니즘'

처음으로 돌아가 볼까요? 지라르는 이러한 위기가 닥칠 때 '희생양 메커니즘'이 작동한다고 보았습니다. 희생양 메커니즘이란 공동체가 어떤 존재를 희생시킴으로써 공동체의 위기 상황을 극복해 가는 희생 제의(祭儀)의 과정입니다. 희생양은 차이의 소멸로 생성된 극단의 무질서와 폭력의 에너지를 일정한 방향으로 배출시키는 일종의 '대체 폭력'입니다.

선택된 희생양은 위기에 빠진 집단의 내부적 폭력을 정화하는 기능을 합니다. 이때 희생양으로 선택되는 존재들은 주로 이방인, 전쟁 포로, 짐승 등 '타자'이거나 '타자로 만들어진 존재'의 성격을 가집니다. 희생양에 대한 폭력을 통해 공동체의 위기 상황이 해결된다 해도 그것은 일시적인 방편일 뿐입니다. 그렇다고 해서 인간의 모방 욕망 자체가 소멸되지는 않습니다. 공동체의 위기 상황은 계속 반복될 수 있습니다.

희생양 메커니즘이 오랜 세월 동안 반복되어 온 것에 대해 지라르는 다음과 같이 설명합니다. 희생양에 대해 두 가지 방향에서 왜곡이 발생한다는 점을 지적합니다. 그 왜곡이 사건의 본질적 양상을 은폐할 수 있다고 본 거죠. 첫 번째 왜곡은 무고한 자에게 갈등의 책임, 그것도 집단 전체를 둘러싼 위기의 책임을 전가하며, 두 번째 왜곡은 집단적 폭력이 행해지고 난 뒤, 희생물이 사회를 위기에서 구원하고 화해를 가져오는 존재로 신성화되는 역설적인 방향으로 나가게 된다고 보았습니다. 이러한 왜곡 과정을 통해 희생양 메커니즘은 근원적인 폭력성을 성스러움으로 탈바꿈시키는 제의적 성격을 가지게 된다는 것입니다.

드라마뿐만 아니라 쉽게 떠올릴 수 있는 복수를 모티프로 짜인 많은 서사들은 모방된 욕망에 대한 근원적인 폭력성을 감추기 위해 사회공동체가 찾아낸 방법일지도 모르는 일입니다.

하지만 희생양 메커니즘을 드러내고 진실을 전하는 사람들도 있어 왔습니다. 자라르는 그 욕망을 긍정적인 방향으로 돌린 모델로 예수를 언급합니다. 용서와 비폭력으로 폭력의 악순환을 해체시켰다고 말입니다.

파토스, 에토스, 로고스를 읽다
_ 신영복의 글을 읽는 세 카테고리 : 사랑, 윤리, 이성

　물 한 모금으로 목을 축이더니 인부는 노란색 수건을 다시 목에 두릅니다. 꽤나 멀리 떨어진 거리이지만 수건에 맺혀있는 땀내가 달구어진 땅보다도 뜨겁게 느껴집니다. 60평쯤 되는 신축건물을 짓고 있는 공사장에서 한여름이 보여준 것은 건물이 올라가는 과정이었고, 인부들의 거침없는 노동이었지만 제게는 어떤 기억을 투명한 햇살과 함께 묻어둔 것은 아닌가 싶은 생각이 듭니다. 저 집이 완성되면 인부들은 떠나겠지만 누군가는 섭씨 30도의 공기보다 더 팽팽한 인부들의 팔뚝이 만들어준 집에 거주하며 안온한 휴식을 가질 겁니다. 거푸집을 만드는 일정이 끝나면 포크레인에 연결된 레미콘에서 적절한 배합을 마친 콘크리트가 거푸집을 채우려 쏟아지겠지요.

논리적 사유와 따뜻한 시선이 만든 '글의 집'

　새 집을 짓는 공사 현장을 보며 인문학적 향기가 짙게 밴 글들을 연상하는 것은 좋은 글을 읽고 난 직후이기 때문입니다. 좋은 글들은 좋은 집이 그렇듯, 생각의 그늘이 되고 육체의 안식이 됩

니다. 거푸집으로 콘크리트가 채워지듯이, 반듯하게 굳어가면서도 세상을 유연하게 바라볼 수 있도록 사고의 확장을 경험하게 했던 신영복 작가의 몇 편의 글들을 다시 읽어봅니다.

신영복 작가(1941~2016)는 반공주의가 시대의 이데올로기였던 1968년 '통일혁명당' 사건에 연루되어 무기징역을 선고받았습니다. 정확히 20년 20일을 복역한 후 1988년 가석방된 작가는 경제학자, 교수 등 여러 방면으로 사회 활동을 펼칩니다. 특히 수감 중 지인들에게 보낸 글들을 모아 《감옥으로부터의 사색》(1988)을 처음 출간한 이후 활발한 저작 활동을 합니다. 여러 호칭을 쓸 수 있겠지만, 신영복 작가라는 말이 자연스럽게 느껴집니다. 작가가 쓴 세 편의 에세이를 다시 읽으며 좋은 글에는 논리와 사유가 교차하면서도 사람들의 삶의 비애를 감싸는 따뜻함이 있다는 점을 새삼 느낍니다.

그리스 철학자 아리스토텔레스는 사람을 설득하는 데 필요한 요소로 세 가지를 언급했습니다. 의사소통 과정에서 타자와의 관계를 통한 설득이 이루어지기 위해 효과적인 진술 방식이 필요하다는 것이지요. 그 세 가지는 파토스(Pathos), 로고스(Logos), 에토스(Ethos)를 말합니다. 의사소통 과정에서 적절하게 이 요소들을 갖출 때 효과적인 소통과 설득이 가능하다는 게 그의 설명입니다.

우선 파토스는 흔히 페이소스라고 부르기도 하는 말이죠. 인간의 삶에서 비애와 연민, 슬픔의 감정은 타인을 이해하는 데 중요하게 작동하는 부분입니다. 에토스는 발화자의 고유한 성품과 인격을 의미합니다. 가장 주관적인 요소이지만 아리스토텔레스는 이 부분이 가장 중요하다고 강조한 바가 있습니다. 설득의 과정에서 발화자의 인격이 무엇보다 중요하다는 의미로 이해됩니다. 끝으로 로고스는 이성적이고 논리적인 영역을 말합니다. 파토스가 직관적인 부분과 연결된다면 로고스는 냉정하고 이성적인 정신작용을 말합니다.

신영복 작가의 글을 이 세 가지 키워드로 접근해보는 것이 호사가의 얄팍한 호기심일 수도 있겠지요. 그러나 좋은 글을 함께 읽어본다는 점에서는 그다지 비난받을 일만은 아닐 수도 있습니다. 좋은 집은 그 공간을 꾸미고 가꾸는 사람들의 노력으로 더 아름다워 질 수도 있기 때문입니다.

인간에 대한 사랑, 파토스

사임당의 고아한 화조도(花鳥圖)에서는 단 한 점도 발견할 수 없었던 봉건적 질곡의 흔적이 난설헌의 차가운 시비(詩碑) 곳곳에 점철되어 있었습니다. 개인의 진실이 그대로 역사의 진실이 될 수는 없습니다. 자연마저 인공적으로 만들어 놓음으로써 대리 현실을 창조하는 문화 속에서 우리가 역사를 제대로 만날 수 있기는 갈수록 더욱 어렵다고 생각합니다. 뿐만 아니라 모든 가치가 해체되고, 자신은 물론 자식과 남편마저 '상품'이라는 교환 가치 형태로 갖도록 강요되는 것이 오늘의 실상이고 보면 아픔과 비극의 화신인 난설헌이 설 자리를 마련하기는 불가능한 일인지도 모릅니다. (중략)

 중부고속도로를 질주하는 자동차의 소음이 쉴 새 없이 귓전을 할퀴고 지나가는 가파른 언덕에 지금은 그녀가 그토록 가슴 아파했던 두 아이의 무덤을 옆에서 지키고 있습니다. 정승 아들을 옆에 거두지도 못하고, 남편과 함께 묻히지도 못한 채 자욱한 아침 안개 속에 앉아 있습니다. 열락(悅樂)은 그 기쁨을 타 버린 재로 남기고 비극은 그 아픔을 정직한 진실로 이끌어 준다던 당신의 약속을 당신은 이곳 지월리에서 지켜야 합니다.

_ 신영복, 〈비극은 그 아픔을 정직한 진실로 이끌어 줍니다〉 중

 이 글은 강원도 명주군 사천리에 있는 애일당(愛日堂) 옛터를 다녀온 작가의 경험을 바탕으로 역사적 진실과 올바른 평가가 어떠해야 하는지를 독자들에게 묻고 있습니다. 작가의 기행 수필집 《나무야 나무야》(1996)에 실려 있으며, '당신'이라는 독자를 설정하여 서간문의 문체로 내용을 전개하고 있습니다. 작가는 허균, 신사임당과 율곡 이이, 허난설헌 등 역사적 인물과 관련된 유적을 탐방하고 이들에 대한 자신의 평가를 드러냅니다. 그리고 오늘날의 시점에서 주목해야 할 삶의 모습이 무엇인지를 성찰합니다. 성찰의 배경이 되는 현대 사회의 모순을 자연스럽게 일깨워주면

서 경쟁을 통한 성취와 쾌락을 추구하는 현대인들의 사고방식을 비판적으로 들여다봅니다. 글의 말미에는 진정한 인간적 고뇌에 주목함으로써 시대의 모순에 맞서는 일에 동참할 것을 독자들에게 권하고 있습니다.

작가는 봉건적 시대 질서가 추구하는 가치를 실현해 제도권 역사의 평가에서 정점에 오른 신사임당과 그의 아들 이이의 삶을 떠올립니다. 동시에 자유분방했지만 시대의 한계에 도전했던 허균과, 불행한 질곡의 삶을 살았던 그의 누이동생 난설헌 허초희의 삶을 되새기며 두 집안의 삶을 대비적으로 바라봅니다. 전염병으로 두 아이를 잃고 평생을 설움으로 보낸 허초희는 고통의 삶 자체였습니다. 남편과의 불우한 결혼 생활을 견디게 해주던 아이들의 죽음을 그녀는 이렇게 적고 있습니다.

> 지난 해 사랑하는 딸을 잃었고 / 올해에는 사랑하는 아들을 잃었네.
> 슬프고 슬픈 광릉 땅이여. / 두 무덤이 마주 보고 있구나.
> 백양나무에는 으스스 바람이 일어나고 / 도깨비불은 숲속에서 번쩍인다.
> 지전으로 너의 혼을 부르고, / 너희 무덤에 술잔을 따르네.
> 아아, 너희들 남매의 혼은 / 밤마다 정겹게 어울려 놀으리.
> 비록 뱃속에 아기가 있다 한들 / 어찌 그것이 자라기를 바라리오.
> 황대 노래를 부질없이 부르며 / 피눈물로 울다가 목이 메이도다.
>
> _ 허난설헌, 〈곡자(哭子)〉

'시대의 모순을 비켜 간 사람들이 화려하게 각광받고 있는 우리의 현재'에 대해 반성적 성찰이 필요하다고 신영복 작가는 독자에게 묻습니다. 시대의 모순을 온몸으로 경험한 작가의 물음은 독자들의 비애감을 증폭시킵니다. 작가의 삶의 과정이 억울하다거나 잘못된 법의 판단을 묻는 것이 아닙니다. 22년을 복역한 후 작가가 글과 강연을 통해 전한 일관된 메시지는 소외된 존재에 대한 관심과 사랑입니다. 용서는 진정한 화해에서 나옵니다. 자신의 삶의 이력을 증거로 작가는 독자들에게 묻는 겁니다. 한 시대의 질서에 가장 잘 부합해 세속적으로 성공한 인물 못지않게 시대와의 불화로 고통에 빠진 사람들의 아픔을 어루만져야 한다고 말입니다. 이 시대의 '허균'과 '허난설헌'은 지금도 어느 곳에서 어깨보다 무거운 눈물의 무게를 견디지 못해 엎드린 채 울고 있을지도 모를 일이니까요. 삶의 페이소스는 결국 인간에 대한 사랑입니다.

윤리적 에토스와 폭력적 패권의 역사

나는 폐허가 되어 있는 콜로세움을 돌아보는 동안 이곳에서 혈투를 벌이다 죽어 간 검투사들의 환영이 떠올라 극도로 침울한 마음이 되었습니다. 더욱 암울한 것은 스탠드를 가득 메운 50,000 관중의 환호 소리입니다. 빵과 서커스와 혈투에 열광하던 이 거대한 공간을 우리는 어떤 이름으로 불러야 할지 막막합니다. 내게는 여민락(與民樂)의 광장이 아니라 우민(愚民)의 광장으로 다가왔습니다.

"콜로세움이 멸망할 때 로마도 멸망하며 세계도 멸망한다."라고 하는 말이 콜로세움의 위용을 찬탄하는 명구로 회자되지만 내게는 콜로세움이 건설될 때 로마는 무너지기 시작했다는 의미로 읽힙니다. "로마는 게르만 인이나 한니발에 의해서가 아니라 자기 자신의 힘 때문에 무너지리라."라고 했던 호라티우스의 시구가 떠올랐습니다. 어떠한 제국이든 어떠한 문명이든 그것이 무너지는 것은 그것을 떠받치고 있는 하부가 무너짐으로써 붕괴되는 것입니다.

_ 신영복, 〈우리들에게는 우리를 잠재우는 거대한 콜로세움은 없는가〉 중

역사 교육을 통해 우리가 가지게 된 역사 인식의 통념 중의 하나가 '역사는 승리한 자의 것'이라는 점입니다. 이런 통념은 때때로 역사의 진실을 바로 보지 못하게 방해할 때가 있습니다. 드러난 현상은 잘 보지만 현상의 이면에 감추어진 진실을 보지 못하게 할 수도 있기 때문입니다. 이면을 보는 눈은 암기와 시험 점수로 갖춰지는 것이 아닙니다. 창의적인 독서와 비판적 사고가 바탕이 될 때, 진실을 볼 수 있는 새로운 시각을 갖출 수 있습니다.

이때 필요한 기준이 윤리성입니다. 로마로 당당하게 입성하는 개선장군의 번쩍 든 칼날만 볼 것이 아니라 그가 타고 있는, 수많은 사람들을 짓밟았던 말발굽을 들여다볼 줄 알 때 인식의 에토스는 눈을 뜹니다. 탐욕의 역사는 언제인가는 무너질 것입니다. 에토스는 행동 규범을 넘어서는 인간 정신의 발현이기도 하기 때문입니다.

본질을 파헤치는 이성의 로고스

바다는 가장 낮은 물이고 평화로운 물이지만 이제부터는 하늘로 오르는 도약의 출발점입니다. 자신의 의지와 자신의 목표를 회복하고 청천 하늘의 흰 구름으로 승화하는 평화의 세계입니다. 방법으로서의 평화가 아니라 최후의 목표로서의 평화입니다. 평화는 평등과 조화이며 평등과 조화는 갇혀 있는 우리의 이성과 역량을 해방해 겨레의 자존(自尊)을 지키고 진정한 삶의 가치를 깨닫게 함으로써 자기(自己)의 이유(理由)로 걸어갈 수 있게 하는 자유(自由) 그 자체입니다.

나는 당신이 언젠가 이곳에 서서 강물의 끝과 바다의 시작을 바라보기 바랍니다. 그리고 당신이 받은 색종이에 담긴 바다의 이야기를 읽어 주기 바랍니다. 그동안 우리 국토와 역사의 뒤안길을 걸어왔던 나의 작은 발길도 생각하면 바다로 향하는 강물의 여정이었는지도 모릅니다. 나는 마지막 엽서를 당신이 내게 띄울 몫으로 이곳에 남겨 두고 떠납니다. 강물이 바다에게 띄우는 이야기를 듣고 싶기 때문입니다.

_ 신영복, 〈칠산리의 강과 바다〉 중

작은 샘터에서 시작된 물방울의 여정은 시내를 거쳐 강물에 닿아 물길이 됩니다. 그리고 물길은 바다에 닿아 마침내 대장정의 막을 내립니다. 바다로 나가는 물길의 과정을 민족의 자존을 세우고 역사의 상처를 치유하는 과정이라고 논리적으로 역설합니다.

서삼독(書三讀)이라는 말을 처음 들었을 때가 떠오릅니다. 책은 반드시 세 번 읽어야 한다고 작가는 말했습니다. 먼저 텍스트를 읽고 다음으로 그 필자를 읽고 그리고 최종적으로는 그것을 읽고 있는 독자 자신을 읽어야 한다고 합니다. 제가 이 글을 몇 번씩 읽으면서 가졌던 생각은 글이라는 텍스트를 어느 순간에 읽느냐에 따라 글의 의미를 다르게 받아들일 수 있다는 사실입니다.

'석과불식(碩果不食)'은 신영복 작가가 20년의 수감 생활을 견디게 해준 희망의 언어라고 합니다. 씨 과실은 먹지 않는다는 뜻입니다. 흔히 까치밥이라고 하기도 하죠. 이 말에 작가의 세계관과 가치관이 들어 있습니다. 신영복 작가는 석과불식이 우리에게 주는 교훈을 엽락(葉落), 체로(體露), 분본(糞本)의 세 가지로 구분한 적이 있지요.

엽락은 잎이 떨어지는 것을 말합니다. 현실을 냉정하게 직시하고 환상과 거품을 거두어내는 행위입니다. 무지몽매와 잘못된 신념과 아집을 청산할 때 필요한 이성적 로고스입니다.

체로는 엽락 후의 나목(裸木) 상태를 말합니다. 환상과 거품으로 가려져 있던 우리의 삶과 사회의 근본 구조를 바꾸는 것을 말하죠. 윤리적 에토스가 올바르게 작동할 때 삶은 정직해질 수 있습니다.

분본은 뿌리에 거름을 주는 것을 의미합니다. 뿌리, 즉 사람을 거름 주어 길러내고 키우는 것입니다. 낙엽이 뿌리를 덮어주듯이 사람을 연민할 수 있는 따뜻한 인간애가 파토스의 근본입니다. 비애는 결코 부정적 감정이 아닙니다. 사랑이 채 미치지 못해 안타까워하는 마음이 비애이며 연민입니다.

이렇듯 아름다운 '글 집'을 짓고 그는 떠났습니다. 훌륭한 목수는 제 집에 살지 않는 법입니다. 다른 이들이 사는 것입니다. 그는 목수였으며 연금술사였습니다. 작가의 글이 시간이 지날수록 더욱 생생해집니다.

시와 소설에서 '나'를 찾아가기
시시콜콜한 일상일수록 깊어지는 상상력

―――

사람에게 상처받은 적이 있었나요? 혹은 사람에게 위안을 얻을 때가 있었나요?

문학이 곁에 있을 때 상처는 덜 아팠고, 위안은 감동이 되기도 했습니다. 시는 새벽의 언어이고, 소설은 한낮의 언어입니다. 고요하지만 그 속에 품고 있는 시의 의미를 알아들었을 때 새벽은 저를 따뜻이 품어주었습니다. 소설이 전하는 다른 이들의 이야기에서 번잡해 보이는 일상이 무의미하지 않다는 사실을 알게 되었습니다.

삶의 방향을 잃었을 때, 잠시 문학에 기대보는 것도 괜찮은 일이 아닐까요.

매미소리는 백일홍에 머물다 옥수숫대를 빠져나온다

　자연이 순환하는 질서와 이치를 순리 또는 섭리라고 합니다. 순리가 대자연의 질서 앞에 인간을 좀 더 겸손하게 한다면 섭리는 종교적인 의미가 더해져 인간을 유약한 존재로 만들기도 하죠. 철리(哲理)라는 말을 쓰기도 합니다. 이 말에 이르면 인식의 수동적인 상태에 머물던 인간의 이성은 능동적인 주체로 바뀝니다. 이치를 스스로 깨우치면서 자연을 사색과 성찰의 대상으로 삼는 수준에 육박하게 되는 것이죠. 비로소 인식의 주체로 스스로가 거듭나면서 인간은 자연이 감춘 내적 질서의 조리를 밝히고 상상력을 통해 삶의 물음에 답하기 시작합니다.

　자연의 대표적인 질서는 계절이고 여름은 그 중심에 있습니다. 통념에 갇힌 여름의 이미지는 언제나 뜨겁고 햇볕이 쨍쨍하기 마련입니다. 결실과 완성을 위해 담금질이 절정에 달하는 성장의 시절이기도 합니다. 그러나 여름이 그렇기만 할까요? 소나기가 이어져 폭우가 되고, 지반이 무너지고 산사태가 일어나기도 합니다. 성장이 있는가 하면 소멸도 있고, 빠져 죽는 죽음도 있고, 말라가는 죽음도 있습니다.

 좋은 시는 성장과 소멸 사이를 들여다볼 줄 압니다. 어떤 시인은 한여름 매미의 울음소리에서 사랑의 서늘함을 읽고, 한여름 폭풍우 속에서도 좌절하지 않는 정신을 찾아냅니다. 때가 되면 찾아오는 절기가 있는 것처럼 모든 것을 쏟아 부은 여름이 끝나가는 것 역시 아무렇지도 않다는 듯 처서(處暑)의 풍경을 담담하게 표현하는 시인도 있습니다. 세 편의 시를 읽다 보면 여름이 어디에서 왔다가 어디로 빠져나가는지 알 듯도 합니다.

절정에 오른 매미 울음소리의 공허함

막바지 뙤약볕 속
한창 매미 울음은
한여름 무더위를 그 절정까지 올려놓고는
이렇게 다시 조용할 수 있는가.
지금은 아무 기척도 없이
정적의 소리인 쟁쟁쟁
천지(天地)가 하는 별의별
희한한 그늘의 소리에
멍청히 빨려들게 하구나.

사랑도 어쩌면

그와 같은 것인가

소나기처럼 숨이 차게

정수리부터 목물로 들이붓더니

얼마 후에는

그것이 아무 일도 없었던 양

맑은 구름만 눈이 부시게

하늘 위에 펼치기만 하노니.

_ 박재삼(1933~1997), 〈매미 울음 끝에〉

  사랑은 가끔 우리에게 질문을 던집니다. 아무리 강인한 내면을 가진 사람이라 하더라도 사랑 앞에서는 어쩔 수 없는 게 있지 않을까요? 사랑의 본질이 무엇이라고 말할 수는 없어도 인용한 시의 서늘한 문장들 앞에서는 숙연해집니다. 매미의 울음이 절정을 향해가는 순간, 시인은 사랑의 의미를 찾아냅니다.

  논리적인 관계를 따질 때 사용하는 유추의 방식으로 이 시는 시상을 표현하고 있습니다. 유추는 이미 알려진 한 상황의 유사성을 바탕으로 다른 상황도 그러할 것이라고 미루어 짐작하는 방법입니다. 뜨거운 여름의 절정을 온몸으로 부닥치던 매미의 울음이 때가 되면 그치는 것처럼 사랑의 열정도 어느 순간 식어버리고, 공허함으로 남게 됩니다. 그러나 여름은 순리에 따라 시간이 거두어 가지만 사랑은 단순히 시간 때문에 식지는 않습니다.

시인은 매미가 우는 여름의 한순간을 시로 채집해 사랑이라는 감정에 표본으로 던져 놓습니다. '한여름 무더위를 그 절정까지 올려놓고'라는 문장은 뜨겁게 울어대던 매미의 울음소리가 언제 그랬냐는 듯 사라져 버린 순간을 표현합니다. 사라져 버린 매미 소리가 공허하게 여름을 한가득 메운 상황을 나타냅니다. 사랑이 처음 시작할 때의 그 강렬함을 시인은 촉각적 이미지로 형상화하고 있죠. '소나기처럼 숨이 차게 / 정수리부터 목물로 들이붓더니' 얼마 되지 않아 '아무 일도 없었던 양' 펼쳐지는 푸른 하늘에서 시인은 사랑의 차가운 속성을 파악합니다. 처음의 열정이 때가 되면 정적(靜寂)으로 바뀌는 순간의 처연함이 여름일지도 모를 일입니다. 그리고 독자들에게 이렇게 묻습니다. '희한한 그늘의 소리에 멍청히 빨려'드는 게 '사랑을 잃은 사람의 표정이 아닐까'라고 말입니다.

폭풍의 시련에도 절망하지 않는 백일홍

그 여름 나무 백일홍은 무사하였습니다
한차례 폭풍에도 그 다음 폭풍에도 쓰러지지 않아
쏟아지는 우박처럼 붉은 꽃들을 매달았습니다

그 여름 나는 폭풍의 한가운데 있었습니다
그 여름 나의 절망은 장난처럼 붉은 꽃들을 매달았지만

여러 차례 폭풍에도 쓰러지지 않았습니다

넘어지면 매달리고 타올라 불을 뿜는 나무 백일홍
억센 꽃들이
두어 평 좁은 마당을 피로 덮을 때,
장난처럼 나의 절망은 끝났습니다

_ 이성복(1952 ~), 〈그 여름의 끝〉

 시인은 폭풍을 이겨내는 백일홍에서 강인한 생명성(1연)을 느낍니다. 그리고 이 모습에서 자신의 내면적 상처를 치유하려는 모습을 표현합니다(2연). 이 시가 눈길을 끄는 것은 '절망'이라는 시어 때문입니다. 모두 두 번 언급되는 이 시어의 문맥은 각각 이렇게 표현됩니다. 첫 문장은 '그 여름 나의 절망은 장난처럼 붉은 꽃들을 매달았지만'이며, 두 번째 문장은 '장난처럼 나의 절망은 끝났습니다'입니다. 이 두 문장 사이에 '그 여름'과 '절망'이 끝났다고 밝힙니다.

 백일홍은 폭풍으로 상징되는 고통과 시련에도 붉은 꽃들을 매달 수 있는 존재들로 그려집니다. '넘어지면 매달리고 타올라 불을 뿜는'이라는 구절의 불꽃의 이미지는 백일홍이 피우는 붉은 꽃잎과 그 배경이 되는 여름의 강렬한 날씨에서 비롯합니다. 몇 차례 폭풍에도 쓰러지지 않고 붉은 꽃들을 매달고 있는 백일홍의 모습에서 시인은 시련을 이겨내는 모습을 확인합니다. 백일홍처럼 폭풍의 한가운데에 서 있는 '나의 절망'은 모진 고통에도 불구하고 '장난처럼 붉은 꽃들을 매달'고 있지만 쓰러지지 않습니다. 1연의 '백일홍'과 2연의 '나'는 내용상 같은 의미의 시어로 조응합니다.

두 번째의 절망은 3연에 '장난처럼 나의 절망은 끝났다'고 언급됩니다. '절망이 장난처럼 끝났다'는 표현은 여러 생각을 하게 합니다. 이 문장에서 환기되는 것 또한 여름을 온몸으로 부딪쳐 생명을 끝까지 지켜내는 백일홍입니다. 그런 꽃잎이 '마당을 피로 덮을 때' 여름도, 절망도 끝이 나고 마는 겁니다. 화자에게는 절망의 끝이 여름의 끝인 것이죠.

여름은 시간성을 지니지만 절망은 시간의 의미를 갖지 않습니다. 여름의 끝이 아니라 절망의 끝이 여름이라는 말은 그 여름에 감당할 수 없는 일을 겪었다는 뜻이 아닐까요? '절망이 장난처럼 끝났다'라는 표현은 어떤 일을 통해 자기 성숙을 확인한 존재가 내뱉을 수 있는 말이라고 생각됩니다. 보통 절망은 체념으로 끝날 때가 많습니다. 그러나 절망을 '장난처럼' 여기게 된 절절한 깨달음은 깊이 있는 인식을 순간적으로 느낀 존재의 무르익은 경지를 느끼게 합니다. 돌이켜보면 당시에는 감당 못 할 고통이었지만 결국에는 '장난처럼' 끝나 버렸던 일들이 꽤 됩니다. 흔히 말하듯 '이 또한 지나가리라'라는 말은 허구가 아니라는 생각이 듭니다. 어디선가 백일홍 꽃잎을 만나게 되면 절망도 장난처럼 느낄 수 있기를 바랍니다.

그늘과 그림자로 빠져나가는 여름

얻어온 개가 울타리 아래 땅 그늘을 파댔다
짐승이 집에 맞지 않는다 싶어 낮에 다른 집에 주었다
볕에 널어두었던 고추를 걷고 양철로 덮었는데
밤이 되니 이슬이 졌다 방충망으로는 여치와 풀벌레가
딱 붙어서 문설주처럼 꿈적대지 않는다
가을이 오는가, 삽짝까지 심어둔 옥수숫대엔 그림자가 깊다
갈색으로 말라가는 옥수수 수염을 타고 들어간 바람이
이빨을 꼭 깨물고 빠져나온다
가을이 오는가, 감나무는 감을 달고 이파리 까칠하다
나무에게도 제 몸 빚어 자식을 낳는 일 그런 성싶다
지게가 집 쪽으로 받쳐 있으면 집을 떠메고 간다기에
달 점점 차가워지는 밤 지게를 산 쪽으로 받친다
이름은 모르나 귀익은 산새소리 알은체 별처럼 시끄럽다

_ 문태준(1970 ~), 〈처서處暑〉

처서는 일 년 절기 중 하나로, 입추와 백로의 사이에 있습니다. 양력 8월 중순쯤으로 대략 이 시기부터 더위가 수그러지기 시작합니다. 처서가 지나면 모기도 입이 비뚤어진다는 속담이 있습니

다. 아침저녁으로 선선한 기운이 돌기 시작하기 때문일 겁니다. 이 무렵은 뜨거웠던 여름의 막바지이자 가을의 초입이기도 합니다.

이 시는 시인의 첫 시집에 실려 있는 작품입니다. 시집 뒷면에 실린 추천의 글에 인상적인 문장이 나옵니다. 추천사를 쓴 장석남 시인은 "'옥수수 수염을 타고 들어간 바람이 이빨을 꼭 깨물고 빠져나온다'는 한 구절만으로도 이 시는 시적 서정을 획득했다."고 언급합니다. 그래서 그런지 이 시를 아는 사람들은 그 문장을 많이 기억합니다.

'가을이 오는가, / 감나무는 감을 달고 이파리 까칠하다 / 나무에게도 제 몸 빚어 자식을 낳는 일 그런 성싶다'라는 문장이 제 눈길을 사로잡습니다. 제 몸 빚어 자식을 놓는 존재가 어디 사람이나 감뿐이겠습니까. 여름은 온몸을 태우다시피 해서 곡식과 과실을 빚어놓습니다. 수확의 기쁨은 온전히 가을에게 넘겨주고 언제 그랬냐는 듯이 자리를 내주고 스러집니다. 허물도 없고, 흔적도 없이 적멸의 세계로 빠져나가는 거죠. 소망(消亡)은 뒤도 돌아보지 말고, 그렇게 하는 것입니다.

눈을 위한 세 가지 변명

눈은 공중에 떠다니는 수증기가 찬 기운을 만나 얼어서 땅 위로 떨어지는 흰 결정체입니다. 찬 기운을 만나야 얼기 때문에 겨울이 배경이어야 하고, 공중에서 땅 위로 낙하하는 성질로 인해 떠도는 공간이 마련되어야 합니다. 흰색의 결정체는 아무것도 섞이지 않은 순수한 상태를 환기하며 사람들에게 현실 너머의 환상을 불러일으킵니다. 만약 성탄절이 여름이었다면 화이트 크리스마스의 낭만과 기다림은 없었을 것이며, 영화 〈겨울 왕국〉의 여주인공 엘사가 펼치는 동화적 서사도 존재하지 않았을 것입니다.

얼핏 떠올려 본 눈에 대한 몇 가지 이미지는 제한된 상황에서만 볼 수 있다는 점에서 흔하지 않은 가치를 드러냅니다. 눈만큼 입체적인 생각의 통로를 가지는 자연현상도 별로 없을 것입니다. 어린 시절에 그토록 바라던 눈 한 송이는 어른이 되면 불편함으로 바뀌게 되고, 녹지 않기를 바라던 마지막 잔설은 계절을 바꾸면서 끝내 시간 속으로 사라져 버립니다. 새하얗기 때문에 더러워지기 쉽고 결정체이기 때문에 녹아내리기 쉽지만, 그건 눈의 잘못이 아닙니다. 더럽히는 건 인간들의 몫이고 녹아내리게 하는 것

또한 인간들의 행위에서 비롯합니다.

　이물질로 인해 더러워진 눈은 참 볼품없습니다. 변하기 않기를 바라지만 서서히 더럽혀지는 자신을 드러내는 것 같아 사람들의 외면을 받기 쉽습니다. 얼음과 비교되며 상대적으로 나약하게 여겨지기도 하지만 눈은 쉽게 흉내 내지 못하는 모습을 지니고 있습니다. 바람은 아무리 불어도 뭉쳐지지 않고, 비는 아무리 내려도 모양을 형성하지 않습니다. 바람은 오히려 태풍이 되어 집과 배를 뒤집어 버리며, 비는 폭우가 되어 강물을 흘러넘치게 해 사람을 그 안에 가둡니다. 그러나 눈에는 잠재된 폭력성이 없습니다. 대부분의 눈사태는 자연에 더 바짝 다가서려는 인간들에 의해 일어납니다. 자연 스스로 거대한 바람을 휘몰아치게 해 눈사태를 만들어 인간을 파괴하지는 않습니다. 그 아름다운 차가움으로 인해 가혹함과 폭력을 떠올리는 것은 인간의 인식일 뿐입니다. 기다리던 눈이 오지 않으면 실망을 하고, 아름답게 쌓인 눈이 녹아내린 아침에는 낙담할 때가 있습니다. 이 또한 인간들의 필요에 의한 마음의 표현일 뿐입니다.

　작고 아름다운 결정체에 인간들의 마음이 이입되어 온갖 감정의 소모를 이루어 냅니다. 문학이 추구하는 비유나 상징은 창조적이고 눈부신 것이지만, 설익은 생각을 아름답다는 이유로 '눈'에 뭉쳐 표현하는 글들을 보면 안타깝습니다. 눈에 대한 찬미는 많지만 눈에 대한 변명은 많지 않습니다. 변명은 잘못이나 실수에 대해 그 까닭을 말하는 행위라는 뜻도 있지만, 옳고 그름을 가려 사리를 밝힌다는 뜻도 있습니다. 소비적인 표현과 죽은 비유에 동원되는 눈에게는 변명이라도 하고 싶을 정도입니다. 그럴 때 바라보는 눈은 예쁘지 않고 극도로 갸륵합니다. 눈에 대한 구차한 변명이 필요 없는, 어쩌면 '완전한' 소명(疏明)을 세 편의 시를 통해 살펴보겠습니다.

담백하고 순수한 눈

춥다. 눈사람이 되려면 얼마나 걸어야 할까? 잡념과 머리카락이 희어지도록 걷고 밤의 끝에서 또 얼마를 걸어야 될까? 너무 넓은 밤, 사람들은 밤보다 더 넓다.

사물에 이름을 붙이고 즐거워하는 사람들
이름을 붙여야 마음이 놓이는 사람들
이름으로 말하고 이름으로 듣는 사람들
이름을 두세 개씩 갖고 이름에 매여 사는 사람들

깊은 산에 가고 싶다. 사람들은 산을 다 어디에 두고 다닐까? 혹은 산을 깎아 대체 무엇을 메웠을까? 생각을 돌리자, 눈발이 날린다.

눈꽃, 은방울꽃, 안개꽃, 메밀꽃, 배꽃, 찔레꽃, 박꽃

나는 하루를 하루 종일 돌았어도
분침 하나 약자의 침묵 하나 움직이지 못했다.
들어가자, 추위 속으로.

때까치, 바람새, 까투리, 오소리, 너구리, 도토리, 다람쥐, 물
_ 신대철, 〈추운 산〉

 신대철(1945 ~)시인은 첫 시집 《무인도를 위하여》(1977)에서부터 최근 시집까지 의식의 치열함과 극한까지 자신을 몰아붙이고자 하는 자기 투쟁 의식을 개성적인 문체로 표현해 왔습니다. 시에서 문체를 언급하는 것이 타당한지를 떠나 그가 보여준 산문 형태의 시행과 물음표의 활용 등은 서정적 세계의 치밀함을 표현하는 전략적 선택이라고 보입니다. 첫 시집에 실린 '박꽃이 하얗게 필 동안 / 밤은 세 걸음 이상 / 물러나지 않는다'(〈박꽃〉 일부)는 구절은 시인의 치열함이 성취한 하나의 정점을 드러냅니다. 박꽃이 피는 시간을 시인은 세 걸음이라는 공간으로 집약시킴으로써 어떤 인위도 끼어들 수 없는 자연을 그려냅니다.

 이 시의 화자는 깊은 산 속에서 눈보라를 맞으며 눈사람이 되기 위해 더 깊은 산으로 걸어 들어갑니다. '이름을 두세 개씩 갖고

이름에 매여 사는 사람들'을 뒤로 하며 '눈꽃, 은방울꽃, 안개꽃, 메밀꽃, 배꽃, 찔레꽃, 박꽃'을 찾아 나서죠. 사람들은 이름에 얽매여 살지만 자연 속의 꽃들은 어떤 수식어도 없이 주어진 단 하나의 이름만으로 가치를 충분히 드러냅니다.

세속에서 온갖 소유욕과 명예욕에 찌들어 '이름'에 집착해 사는 인간들과, 담백하게 고유의 이름만으로도 존재감을 드러내는 자연물과의 거리감은 부끄러울 만큼 멀기만 합니다. 화자는 '하루 종일 돌았어도 / 분침 하나 약자의 침묵 하나 움직이지 못했'던 성찰을 바탕으로 가치 있는 삶을 지향하는 결연한 태도를 보입니다. 깊은 산으로, 추위 속으로 들어가 눈사람이 되려고 하는 화자의 지향점은 순결성에 대한 굳세고 꼿꼿한 쏠림을 보여줍니다. 이 시에서 눈은 어떤 인위와 가식이 스며들지 못하는 순수의 상태를 표현합니다.

폭력적 권력을 상징하는 눈

해일처럼 굽이치는 백색의 산들,
제설차 한 대 올 리 없는
깊은 백색의 골짜기를 메우며
굵은 눈발은 휘몰아치고,
쪼그마한 숯덩이만한 게 짧은 날개를 파닥이며……
굴뚝새가 눈보라 속으로 날아간다.

길 잃은 등산객들 있을 듯
외딴 두메마을 길 끊어놓을 듯
은하수가 펑펑 쏟아져 날아오듯 덤벼드는 눈,
다투어 몰려오는 힘찬 눈보라의 군단, 눈보라가 내리는 백색의 계엄령.

쪼그마한 숯덩이만한 게 짧은 날개를 파닥이며……
날아온다 꺼칠한 굴뚝새가
서둘러 뒷간에 몸을 감춘다.
그 어디에 부리부리한 솔개라도 도사리고 있다는 것일까.

길 잃고 굶주리는 산짐승들 있을 듯
눈더미의 무게로 소나무 가지들이 부러질 듯
다투어 몰려오는 힘찬 눈보라의 군단,
때죽나무와 때 끓이는 외딴집 굴뚝에
해일처럼 굽이치는 백색의 산과 골짜기에
눈보라가 내리는
백색의 계엄령.

_ 최승호, 〈대설주의보〉

이 시에서 '눈'은 산짐승과 굴뚝새를 고립시키고 얼어붙게 만드는 폭력과 차가움의 속성을 가진 존재로 그려집니다. 최승호

(1954 ~) 시인의 첫 시집의 표제작이기도 한 이 시는 사실적 관찰과 눈이 가지는 상투적 상징성을 벗어나면서도 '생태주의 시인'으로 불리는 시인의 관심사가 잘 드러난 작품입니다.

새로운 군부독재 세력이 등장하여 강압적으로 통치했던 현대사의 어두운 현실을 향해 대설주의보를 날리며 눈은 쏟아집니다. 1983년에 발표된 이 시는 1980년대 군부정권을 배경으로 강압적인 독재 상황을 우의적으로 표현합니다. 대설주의보가 환기하는 공간의 고립과 '눈보라의 군단'과 '백색의 계엄령'이라는 군사 용어의 사용은 이 시를 군부독재의 시대의 알레고리로 읽히게 하는 실마리가 됩니다. 쪼그마한 굴뚝새가 몸을 서둘러 숨겨야 하는 눈보라는 당대 민중을 폭압적 권력으로 억압하던 신군부를 상징합니다. 이런 의미를 알면 명사로 시가 끝나면서 남기는 여운의 폭은 깊고 넓습니다. 눈의 속성이 정치적 상징성으로 읽히는 대표적인 시입니다.

환성적이고 따뜻한 눈

샤갈의 마을에는 삼월에 눈이 온다.
봄을 바라고 섰는 사나이의 관자놀이에
새로 돋은 정맥이
바르르 떤다.
바르르 떠는 사나이의 관자놀이에

새로 돋은 정맥을 어루만지며
눈은 수천수만의 날개를 달고
하늘에서 내려와 샤갈의 마을의
지붕과 굴뚝을 덮는다.
삼월에 눈이 오면
샤갈의 마을의 쥐똥만 한 겨울 열매들은
다시 올리브 빛으로 물이 들고
밤에 아낙들은
그해의 제일 아름다운 불을
아궁이에 지핀다.

_ 김춘수, 〈샤갈의 마을에 내리는 눈〉

이 시는 초현실주의적인 화풍으로 유명한 마르크 샤갈(Marc Chagall, 1887~1985)의 〈나와 마을〉이라는 그림에서 영감을 받아 창작되었다고 알려져 있습니다. 왼쪽에 말의 두상을 배치하고 오른쪽에 초록 얼굴의 사내를 배치하는 등 여러 가지 모티프를 병렬적으로 제시해 환상적인 분위기를 자아내는 이 그림에서 김춘수(1922~2004) 시인은 '눈'의 자유로움을 가져옵니다. 그림은 상단부에 소년과 마을의 이미지를 구현하고 하단에는 눈이 내리는 풍경을 통해 현재와 과거의 시간을 한 화면에 담아냅니다.

사물과 사물성을 바탕으로 한 존재론적 의미를 밝히려는 시인의 천착은 이 시에서도 확인할 수 있습니다. 또래의 시인들이 전통 서정시를 추구해 온 것과 달리 그의 시는 이른바 순수시 이론을 창작에서 구현하면서 동시에 여러 시론집을 통해 '무의미시'의 가능성을 깊게 탐구해 왔습니다. 이 시는 전통적인 방식으로 읽을 경우 이미지와 내용이 부딪혀 독해가 불가능합니다.

  무의미시는 시에 내용이 없다는 뜻이 아닙니다. 기존 단어가 가진 관념을 벗어나 순수한 이미지만으로 작품을 창작하려는 시도를 말합니다. 이 작품에서도 시인은 다채로운 사물의 이미지들을 감각적인 언어로 재구성하며 시를 전개합니다.

  '샤갈의 마을'은 실재하지 않는 환상의 세계이며, '삼월'에 내리는 '눈'은 '사나이'의 '정맥'을 어루만지고 '날개'를 달고 내려와 마을을 덮으며 '겨울 열매들'을 '올리브 빛'으로 물들게 하고 '아낙들'에게 '불'을 지피게 합니다. 구체적인 시의 내용을 통해 서정적 울림을 전하는 기존의 서정시와 다른 접근을 통해 언어가 갖고 있는 순수한 이미지를 포착하려는 것이 시인의 의도입니다. 봄의 생명력을 다채로운 '눈'의 이미지와 연계하게 함으로써 환상적인 분위기와 따뜻한 생동감을 표현합니다.

항아리에 갇힌 소년과 조숙한 소녀의 세상 대처법

오랜 친구들의 모임에 들렀다가 한 친구에게 뜻밖의 질문을 받았습니다. 십대들에게 읽힐 만한 청소년 소설을 추천해달라는 내용이었습니다. 딱히 전문가도 아닌 입장이라 시중에서 흔히 접할 수 있는 '어느 대학 청소년 추천도서'를 언급했더니 극구 사양하더군요. 지극히 개인적인 선호도를 기준으로 꼽아 달라는 말이 이어졌죠.

잠시 생각을 하다가 이런 질문을 거꾸로 해보았습니다. 청소년 소설이라는 것이 청소년을 독자로 쓴 소설을 의미하는지, 청소년이 주인공인 소설을 말하는지 구분해달라고 말이죠. 자리에 함께 한 친구들의 답변이 딱 반으로 갈리더군요. 즐거운 분위기 속에서 이야기는 청소년 소설을 넘어 성장소설로 이어졌습니다.

청소년 소설과 성장소설

청소년 소설은 근본적으로 성장소설과 교양소설의 범주 안에 있습니다. 두 구분은 아주 세부적인 차이가 있지만 모두 어린아이의 성장담으로 간주하고 성장소설로 표현하겠습니다. 성장소설은 소년기를 거쳐 성인의 세계로 입문하는 과정을 소설적 시간으로 설정합니다. 주인공이 겪는 내면적 갈등과 정신적 성장이 서사의 뼈대가 됩니다. 이 과정에서 발생하는 인물의 갈등 대부분은 어른들이 이미 구축한 세계에 어떤 방식으로 편입할지를 두고 일어납니다. 그리고 세계에 대한 각성이 인물을 성장시키는 구성을 가지게 되죠.

한편, 청소년 소설은 청소년을 위해, 그리고 청소년에 대해 쓴 소설입니다. 이 소설들은 청소년 독자를 위해 청소년들의 삶, 경험, 열망 등과 관련된 사건들을 다루죠. 청소년들이 치중하는 과제뿐만 아니라 주요 예상 독자로서 청소년이 설정됩니다.

어른들의 세계를 경험하기 이전에 있는, 미성숙 상태의 인물이 등장한다는 공통부분이 있는 것과는 달리 성장소설과 청소년 소설의 갈래를 구분하는 차이점도 있습니다. 성장소설의 경우 소설의 서술 시간은 유년의 경험을 회상하는 어른의 시점에서 제시되는 반면, 청소년 소설의 서술 시간은 자신들의 세계를 탐구하는 청소년 작중인물의 관점을 재현한다는 점입니다. 쉽게 말하면 대다수의 성장소설은 유년을 기억하는 어른으로 성장한 인물의 과거를 회상하면서 세계로 입문하는 과정을 다루는 회상 시점인데 반해, 청소년 소설은 현재 시점에서 청소년의 당면 문제를 다룬다는 것이죠.

눈사람에 감춘 두려움, 〈눈사람 속의 검은 항아리〉

소설가 김소진(1963~1997)의 〈눈사람 속의 검은 항아리〉는 성장소설의 재미와 여운을 함께 보여주는 수작입니다. 안타깝게도 너무 일찍 세상을 등진 작가가 모두 피우지 못한 소설적 저력을 생각하면 그 이후의 작품을 만날 수 없다는 사실만으로도 아쉽기만 합니다. 등단작인 〈쥐잡기〉부터 성장소설의 성격을 보여준 작가의 작품 목록 중에서 이 소설은 특히 아름답습니다. 문학을 이야기할 상황이 되면 누구에게나 일독을 권하는 소설입니다. 줄거리는 이렇습니다.

갑자기 닥친 한파에 보일러를 수리할 비용을 보내달라는 세입자의 연락이 나에게 옵니다. 수리비를 핑계 삼아 어린 시절 살던 미아리 집을 찾아가는 중 아홉 가구가 모여 살던 어린 시절을 떠올립니다. 어느 겨울밤, 나는 오줌이 마려워 새벽에 변소를 다녀오죠. 어두컴컴한 가운데 발을 잘못 디디는 바람에 무섭기로 유명한 욕쟁이 할머니의 짠지가 들어 있는 항아리를 깨뜨려 버립니다. 혼이 날 것을 두려워한 나는 눈사람을 만들어 깨진 항아리를 감추고는 가출을 감행합니다. 하루 종일 바깥을 쏘다니다 저녁이 되어 집으로 돌아오지만 예상과는 달리 어른들은 아무도 나에게 관심을 두지 않습니다. 나는 당혹감에 울어 버리고 이 세계가 너무 낯설고 당혹스러워 어딘가를 향해 가슴이 터지라고 달립니다. 재개발 바람이 불고 있는 미아리 산동네의 빈집에서 절반쯤 깨진 큼직한 항아리를 보면서 어른이 된 나는 유년 시절의 기억을 지탱해주던 이 동네가 사라진다는 슬픔에 빠집니다.

이 작품은 성장소설의 구성을 교과서적으로 보여줍니다. 흔히 입사식(入社式 ; Initiation)으로 불리는, 어른의 세계로 입문하는 어린아이의 성장 스토리가 흥미롭게 펼쳐집니다. 대다수의 성장소설은 세계의 입문 과정에서 인물이 내면적 갈등을 느끼며 갈등의 이유를 제공한 어른들의 세계에 대해 성찰하게 됩니다. 자신을 둘러싸고 있는 세계에 대한 각성은 아이를 성장시키고 자신이 들어서야 할 세상의 한 꺼풀을 스스로 벗겨냄으로써 삶의 비의(祕意)를 눈치 채게 되죠.

지적, 도덕적, 정신적으로 미숙한 상태의 인물이 어떤 사건을 계기로 어른들의 이해할 수 없는 세계를 경험하고 혼란을 느끼지만 그 세계로 발을 들일 수밖에 없다는 당혹감은 독자 대다수의 경험과 공유되면서 문학적 진실을 지펴 올립니다. '결국 이런 게 세상이라니!'라는 낭패감은 그러나, 부정적인 요소보다는 자신이 살아가야 할 만만치 않은 '세계'라는 존재와 한바탕 '붙어볼' 정신적 각성을 낳게 합니다. 그리고 이 소설은 무엇보다 재미있습니다. 몇 장면을 인용해보죠.

나는 깨진 단지를 눈으로 찬찬히 확인하는 순간 입술을 파르르 떨었다. 어찌 떨지 않을 수 있었을까. 그 단지의 임자가 욕쟁이 함경도 할머니임에 틀림없음에랴! 이 벼락 맞아 뒈질 놈의 아새낄 봤나, 하는 욕설이 귀에 쟁쟁해지자 등 뒤에서 올라온 뜨뜻한 열기가 목덜미와 정수리께를 휩싸며 치솟아 올라 추운 줄도 몰랐다. 나는 장갑도 끼지 않은 손으로 서둘러 주위의 눈을 긁어모으기 시작했다. 마침 찰기가 좋은 눈이어서 손이 한번 닿을 때마다 흙알갱이가 알알이 박힌 눈덩이들이 붙어 올라왔다. 나는 우선 항아리 주변에 눈사람의 아랫부분을 뭉쳐 놓았다. 그리고는 조금 작은 눈덩이를 서둘러 올려놓았다. 그렇게 해서 깨진 단지를 감쪽같이 눈사람 속에 집어넣을 수 있었던 것이다.

내게 일제히 안됐다는 시선을 던지며 몰려들었어야 할 사람들이 평소와 다름없이 냄비를 들고 왔다 갔다 했고, 문짝에 기대 입을 가리고 웃었으며, 수돗가에 몰려나와 쌀을 일며 화기애애하게 얘기를 나누고 있었다. 심지어 수돗가에서 시래기를 다듬다 마주친 엄마도 너 점심 굶고 어디 갔다 왔니, 하는 지청구조차 내리지 않았다. 나는 무척 혼돈스러웠다. 사람들이 나를 더 곤혹스럽게 만들기 위해 일부러 짜고 그러는 것도 같았다. 나는 얼른 눈사람을 천연덕스럽게 세워두었던 변소통 쪽을 돌아다보았다. 거기엔 아무것도 없었다. 눈사람은 깨끗이 치워져 있었다. 물론 흉측한 몰골을 드러내고 있어야 할 짠지 단지도 눈에 띄지 않았다. 도대체 무슨 일이 일어난 것일까?

나는 나를 둘러싼 세계가 너무도 낯설게 느껴졌다. 내가 짐작하고 또 생각하는 세계하고 실제 세계 사이에는 이렇듯 머나먼 거리가 놓여 있었던 것이다. 그 거리감은 사실 이 세계는 나와는 상관없이 돌아간다는 깨달음, 그러므로 나는 결코 주변으로 둘러싸인 중심이 아니라는 아슴프레한 깨달음에 속한 것이었다. 더 이상 나를 상대하지도 혼내지도 않는 세계가 너무나 괴물스럽고 슬퍼서 싱거운 눈물이라도 흘려야 직성이 풀릴듯했다. 하긴 눈물 서너 방울쯤 짜내는 것은 일도 아니었으니까. 난 시래기 줄기가 매달린 처마 밑에 서서 몇 방울 떨구며 소리 없이 울었다. 차라리 그 깨진 단지라도 제자리를 지키고 있었다면 혼은 나더라도 나는 혼돈스럽지도 불안해하지도 않았을 것 아닌가.

두 개의 '나'로 분리한 조숙한 여자아이, 《새의 선물》

소설가 은희경(1959~)의 《새의 선물》은 1990년대를 대표하는 작품 중 하나입니다. 조금은 위악적이고 냉소적인 문장으로 자신의 문학을 구축해온 작가가 세상에 내놓은 첫 장편소설입니다. 책이 많이 팔렸다는 것이 꼭 문학적 성취를 의미하는 것은 아니지만 100쇄를 인쇄할 만큼 대중의 많은 선택을 받았다는 사실은 소설을 살펴보게 하는 분명한 이유 중의 하나일 겁니다. 12살밖에 되지 않았지만 자의식으로 중무장하고, 조숙하게 세상과 맞서는 주인공 '진희'의 성장담을 들여다보겠습니다.

'나(진희)'는 여섯 살 때 엄마를 잃고 시골에 있는 외할머니에게 맡겨집니다. 어머니가 없다는 주변의 시선에 진희는 어느 날부터 자신을 '바라보는 나'와 '보여지는 나'로 분리합니다. 어른들에게는 순진한 어린아이의 모습으로 비춰지지만, 내심으로는 주변 어른들의 삶을 냉소적으로 바라보며 그들의 삶을 나름대로 파악해 갑니다. 삼촌이 친구 허석과 함께 집에 온 이후로 진희는 허석을 좋아하지만 허석은 진희를 어린아이로만 여길 뿐입니다. 주변 어른들의 삶과 섞여들면서 이 세계를 이해해 나가던 진희에게 다양한 사건이 벌어집니다. 어느 겨울, 재혼한 아버지가 자신을 데리러 오고 진희는 할머니와 이모 곁을 떠납니다.

'보여지는 나'로 범속한 세계와 '맞짱' 뜨다

이 소설은 어른이 된 '나(진희)'가 12세 무렵의 어린 시절을 회상하는 방식으로 구성된 여자아이의 성장소설입니다. '나'는 자신이 직접 경험한 사건들뿐만 아니라 이모, 삼촌, 이웃집 사람들의 삶을 자신의 시각으로 이해하고 해석하며 이야기의 뼈대를 이루어갑니다.

다른 성장소설과 차별화되는 이 소설의 두드러진 점은 어린 나이에도 불구하고 '바라보는 나'와 '보여지는 나'로 자신을 분리해 내는 점입니다. 이 분리된 시각의 설정이 평단과 대중들의 지지를 받은 가장 중요한 소설적 장치일 수 있습니다. 매력적인 이 '꼬마'의 페이소스 가득하면서도 조숙한 발언과 생각들은 경쾌한 문장으로 표현됩니다. '보여지는 나'는 어른들 앞에서는 자신의 본심을 감춥니다. '바라보는 나'의 시선을 통해서는 독자에게 본심을 드러내죠. 이런 어긋나는 시선의 설정은 어린아이가 바라보는 현실에 대한 냉소적인 시선과 함께 진짜 '나'의 심리가 효과적으로 드러날 수 있도록 해줍니다.

    한동안은 누가 나를 쳐다보고 수군거리기만 해도 엄마 이야기라고 지레짐작했으며 남에게 그것을 눈치 채이기 싫어서 짐짓 고개를 숙여 버리곤 했다. 그러나 바로 그렇게 남에게 관찰당하는 것을 싫어했기 때문에 나는 누구보다 일찍 나를 숨기는 방법을 터득했다.

    누가 나를 쳐다보면 나는 먼저 나를 두 개의 나로 분리시킨다. 하나의 나는 내 안에 그대로 있고 진짜 나에게서 갈라져 나간 다른 나로 하여금 내 몸 밖으로 나가 내 역할을 하게 한다.

    내 몸 밖을 나간 다른 나는 남들 앞에 노출되어 마치 나인듯 행동하고 있지만 진짜 나는 몸속에 남아서 몸 밖으로 나간 나를 바라보고 있다. 하나의 나로 하여금 그들이 보고자 하는 나로 행동하게 하고 나머지 하나의 나는 그것을 바라보는 것이다. 그때 나는 남에게 '보여지는 나'와 나 자신이 '바라보는 나'로 분리된다.

    물론 그중에서 진짜 나는 '보여지는 나'가 아니라 '바라보는 나'이다. 남의 시선으로부터 강요를 당하고 수모를 받는 것은 '보여지는 나'이므로 '바라보는' 진짜 나는 상처를 덜 받는다. 이렇게 나를 두 개로 분리시킴으로써 나는 사람들의 눈에 노출되지 않고 나 자신으로 그대로 지켜지는 것이다.

    진짜의 나 아닌 다른 나를 만들어 보인다는 점에서 그것이 위선이나 가식일지도 모른다는 생각을 한 적은 있다. 꾸며 보이고 거짓으로 행동하기 때문에 나를 두 개로 분리시키는 일은 나쁜 일일지도 모른다고 생각했던 것이다. 그러나 내가 '작위'라는 말을 알게 된 뒤부터 그런 의혹은 사라졌다. 나의 분리법은 위선이 아니라 작위였으며 작위는 위선보다 훨씬 복잡한 감정이지만 엄밀한 의미에서 부도덕한 일은 아니었다. 그러므로 이제 내가 아는 어른들의 비밀을 털어놓는 데에 나는 아무런 거리낌도, 빚진 마음도 갖고 있지 않다.

어린아이의 시선으로 어른들과 세계를 바라보는 이야기들은 많이 있습니다. 거슬러 올라가면 소설가 주요섭(1902~1972)이 1935년에 발표한 〈사랑손님과 어머니〉에서 이미 어린아이의 시선으로 세상을 바라보는 인물을 만날 수 있죠. '나는 금년 여섯 살 난 처녀애입니다. 내 이름은 박옥희이구요.'로 시작하는 어린아이의 캐릭터가 떠오를 겁니다.

이 소설의 어린아이인 '옥희'는 사랑스럽습니다. 사랑손님과 어머니가 애틋하게 '썸 타는' 상황을 옥희는 알아차리지 못하고, 어른들의 비밀스러운 세계를 전혀 눈치 채지 못하지요. '옥희'는 '신빙성 없는 화자'의 역할을 통해 독자들에게 소설적 재미를 선사합니다. 그런데 이런 유형의 인물과 소설은 성장소설의 범주에 들지 않습니다. 아이는 어른들의 세계를 관찰하는 데에 그치죠. 반면, 《새의 선물》의 '진희'는 스스로 세계를 해석하고, 조롱 섞인 시선으로 세상을 평가하기까지 합니다. 아이의 성찰과 각성을 바탕으로 세계는 이해되고 투쟁의 대상이 됩니다.

두 소설을 통해 남자아이와 여자아이의 성장담을 살펴보면서 성장의 의미를 다시 생각하게 됩니다. 물리적인 충족만으로도, 시간적인 성숙만으로도 미흡한 게 성장일 겁니다. 경제도 성장이라고 표현하고 과학기술도 성장이라고 말하지만, 문학이 다루는 성장은 조금 다른 의미가 있지 않을까요.

문학이 객관적 사실이 아니라 인생의 진실을 다룬다는 말은 단순하게 문학의 개념을 설명하는 건 아닙니다. 어떤 어른이라 하더라도 이미 성장했다고 말하지 않는 이유는 성장이 현재진행형이기 때문이겠지요. 돌아갈 수 없는 유년의 세계를 그리워할 수 있는 사람은 더 나은 방향으로 지금도 성장하고 있는 사람입니다.

'흰 바람벽이 있'는 '빈집'을 찾아서

우리 문단에는 '영원한 청년'으로 기억되는 두 명의 시인이 있습니다. 영원한 청년은 모순된 말입니다. 청년은 영원할 수 없죠. 영원한 인생은 없으니까요. 더구나 청년은 인생의 한 부분이므로 더더욱 영원할 수는 없지요. 이 모순된 말에는 소멸과 생성이 함께 합니다. 소멸은 생명으로 이어지는 것이 순리입니다. 죽음이 있으면 생명이 이어지는 거지요.

시인이나 작가들에게 영원한 청년이라는 말을 쓰는 이유는 분명합니다. 너무 이른 나이에 세상을 등졌지만 그들의 문학 작품은 사후에도 많은 사랑을 받고 있다는 의미입니다. 청년기에 사망한 시인의 생물학적 삶은 소멸되었지만 그들의 작품은 세대를 초월해 독자들에게 사랑받음으로써 영원할 수 있습니다. 영원한 청년이라는 모순된 말들은 죽음을 전제로 한 것이기 때문에 안타까움을 언저리에 깔고 있습니다.

영원한 문학청년, 백석과 기형도

백석(白石, 본명 백기행, 1912~1996) 시인은 공식적으로는 북한 문인입니다. 생물학적으로 그는 80세가 넘어 사망한 것이 알려졌으므로, 청년기에 죽음을 맞이한 것은 아닙니다. 그럼에도 영원한 청년이라는 표현이 가능한 이유는 그의 생애와 관련이 있습니다. 백석은 평안북도 정주 출생입니다. 고향이 북한이지만 그가 시인으로 주로 활동한 공간은 남한입니다. 한국전쟁 때 월북한 작가로 분류되어 1988년 해금 전에는 일반 독자들이 그의 시를 읽을 수 없었습니다.

일제강점기를 거쳐 해방 공간에서 활동한 백석은 최근 대학원 학생들 사이에서 가장 많은 논문이 발표되는 시인이기도 합니다. '시인들의 시인'으로 불리는 백석의 시는 중고등학교 교과서에 시가 소개되면서 이제는 대중들에게도 많이 알려져 있죠. 몇 십 년 동안의 변화는 격세지감을 느낄 만큼 어마어마한 변화입니다. 금지된 문학작품의 작가에서 소설과 뮤지컬로도 소개될 만큼 그의 시는 매력적입니다.

다른 한 명은 기형도(1960~1989) 시인입니다. 스물아홉 살에 생을 마감한 이 비운의 시인은 그러나 90년대 이후 시를 공부하는 문학도들에게 가장 강력한 영향을 끼친 시인이기도 합니다. 1989년 첫 시집이자 유고 시집인 《입 속의 검은 잎》이 발간되었습니다. 사후에 시인의 문학이 집중적으로 조명되고 평론이 활발하게 이루어진 대표적인 경우입니다.

두 명의 시인을 영원한 청년이라고 지칭한 이유는 두 가지 이유 때문입니다. 하나는 그들의 삶의 자취 때문입니다. 백석 시인은 분단으로 남한 문단에서 사라진 시인이었습니다. 그의 대표작들은 1936년에 공식적으로 발행된 시집 《사슴》을 전후로 발표된 것들로 대부분 청년기에 쓰였습니다. 1935년 조선일보 지면에 처음으로 발표한 〈정주성〉에서부터 1948년 월북 이전에 마지막으로 발표한 〈남신의주 유동 박시봉방〉까지 백 편 남짓한 그의 시는 지금도 독자들의 지속적인 반응을 얻고 있습니다.

서울에서 올림픽이 열리던 1988년을 기점으로 우리 사회는 몇 가지 변화를 맞이합니다. 해외여행이 자유화된 것도 이때 일어난 변화입니다. 한국문학에도 변화가 생깁니다. 이른바 '해금 조치'가 이루어진 것이죠. 백석 시인의 시 작품도 이때 해금되어 독자들에게 서서히 알려지기 시작합니다. 기형도 시인은 자신의 삶을 '짧은 여행의 기록(시인의 사후에 발간된 그의 산문집 제목)'으로 표현했듯 이른 나이에 작고했습니다. 두 명의 시인들이 영원한 청년이라고 불리는 이유는 물리적인 생명은 다했지만 그 후에도 이들의 작품이 지속적으로 독자의 사랑을 받고 있기 때문입니다.

또 하나는 그들의 시들이 보여주는 독창적인 작품 세계가 청년의 서슬 푸른 정신과 닮아있기 때문입니다. 두 시인 모두 한 편의 시집만을 남겼다는 공통점이 있습니다.

백석 시인은 후대의 많은 문인들이 그의 시 정신과 서정성을 재

조명하기 위해 연구하는 대표적인 1930년대 시인입니다. 이런 사실은 그의 시들이 드러내는 서정의 세계가 매력적이라는 것을 방증합니다. 백석의 시집 《사슴》(1936)에 대해 문학평론가이자 시인이었던 김기림은 서평에서 "백석의 시 세계는 그 시인의 기억 속에 쭈그리고 있는 동화와 전설의 나라"라며 "일련의 향토주의와는 명료하게 구별되는 '모더니티'를 품고 있다."고 말했습니다. 한편 기형도 시인의 시집 《입 속의 검은 잎》(1989)의 비평을 썼던 문학평론가 김현은 그의 시 세계를 '그로테스크 리얼리즘'이라고 평가하며 짧은 생애를 안타깝게 마감한 시인의 독창적인 시 세계를 추모한 바 있습니다.

수구초심, 아련하게 그리운 고향을 향해

그런데 또 이즈막하야 어느 사이엔가
이 흰 바람벽엔
내 쓸쓸한 얼골을 쳐다보며
이러한 글자들이 지나간다
- 나는 이 세상에서 가난하고 외롭고 높고 쓸쓸하니 살아가도록 태어났다
그리고 이 세상을 살아가는데
내 가슴은 너무도 많이 뜨거운 것으로 호젓한 것으로 사랑으로 슬픔으로 가득 찬다

그리고 이번에는 나를 위로하는 듯이 나를 울력하는 듯이
눈질을 하며 주먹질을 하며 이런 글자들이 지나간다
- 하늘이 이 세상을 내일 적에 그가 가장 귀해하고 사랑하는 것들은 모두
가난하고 외롭고 높고 쓸쓸하니 그리고 언제나 넘치는 사랑과 슬픔 속에 살도록 만드신 것이다
초생달과 바구지꽃과 짝새와 당나귀가 그러하듯이
그리고 또 '프랑시스 쨈'과 도연명(陶淵明)과 '라이너 마리아 릴케'가 그러하듯이

_ 백석, 〈흰 바람벽이 있어〉 중

이 시는 고향을 떠나 있는 화자가 흰 바람벽을 보며 자신과 주변 사람들의 삶을 떠올려 보는 감상을 한 편의 영상물처럼 그려 낸 작품입니다. 흰 바람벽은 영화관의 스크린처럼 그리운 사람들의 모습을 비춥니다. 어렵게 살아가는 '늙은 어머니', '사랑하는 사람'이 영화의 한 장면처럼 지나가면서 삶이 힘들지라도 좌절하기보다는 '가장 귀하고 사랑하는 것'을 모두 '넘치는 사랑과 슬픔 속에 살도록 하늘이 낸 것'이라는, 삶의 본질에 대한 긍정적인 인식을 드러냅니다. 이런 장면들이 언급되는 이유는 시인의 삶이 절망감에 매몰되지 않고 사랑하는 사람들과의 관계를 통해 자신의 외롭고 힘든 처지를 극복하고자 하는 모습을 보이기 때문입니다.

'흰 바람벽'이라는 시어에는 다양한 이미지가 포함되어 있습니다. 외풍을 겨우 막고 있는 초라한 집의 이미지가 드러나기도 하고, 가족과 헤어진 후의 쓸쓸한 모습이 표현되어 있습니다. 또한 고결함을 상징하는 하얗고 깨끗한 이미지가 투영되어 있기도 합니다. 이 바람벽이 하나의 스크린이 되어 화자는 자신의 정서와 처지를 표현해 가치관을 집약시킵니다. 아울러 이 시어는 유리나 거울, 우물처럼 그것을 바라보는 사람의 모습을 비추며 내면을 성찰하게 하는 매개체의 기능도 합니다.

> 이렇게 하여 여러 날이 지나는 동안에,
> 내 어지러운 마음에는 슬픔이며, 한탄이며, 가라앉을 것은 차츰 앙금이 되어 가라앉고,
> 외로운 생각만이 드는 때쯤 해서는,
> 더러 나줏손에 쌀랑쌀랑 싸락눈이 와서 문창을 치기도 하는 때도 있는데,
> 나는 이런 저녁에는 화로를 더욱 다가 끼며, 무릎을 꿇어 보며,
> 어니 먼 산 뒷 옆에 바우섶에 따로 외로이 서서,
> 어두워 오는데 하이야니 눈을 맞을, 그 마른 잎새에는,
> 쌀랑쌀랑 소리도 나며 눈을 맞을,
> 그 드물다는 굳고 정한 갈매나무라는 나무를 생각하는 것이었다.
>
> – 백석, 〈남신의주 유동 박시봉방〉 중

이 시의 제목은 남신의주시에 있는 유동이라는 동네에서 목수일을 하는 집주인 박시봉의 집에 방 한 칸 세 들어 있다는 뜻입니다. 평안도 정주가 고향인 시인이 고향을 떠나 살고 있다는 것을 제목에서 알 수 있습니다. 일제강점기에 이루어진 가족공동체의 해체라는 불가항력적인 절망과 무력감을 극복하고 자신의 삶도 나아지기를 바라는 마음은 '갈매나무'라는 상징적 시어를 낳았습니다.

'갈매나무'는 '굳고 정한' 나무로 제시되어 시련에도 꺾이지 않는 의연함을 상징합니다. 소재로서의 대상물이 아니라 정서와 관련된 시어로 작용하는 객관적 상관물이 시의 지향을 아름답게 표현하고 있다는 점을 발견할 수 있습니다.

한편 이 시는 다양한 사물들과 자연물들을 평안도 지방의 독특한 사투리로 표현하고 있어 향토성을 강하게 드러냅니다. 모더니즘의 세례를 받았지만 자신의 고향 언어로 시를 쓴다는 일은 확장해보면 일제강점기에 우리 모국어를 지켜내야 한다는 시인의 소신의 결과로 볼 수도 있습니다. 또한 백석 시인의 시를 상징하는 시어가 '고향'이라는 점을 고려해 보면, 고향을 잃은 슬픔은 나라를 잃은 슬픔으로 확장되며, 그의 시에서 과거 공동체의 고향이 왜 시인의 주요 관심사가 되었는지를 짐작할 수 있습니다. 특히 그의 시에서 자주 등장하는 고향의 음식과 관련된 내용은 시인의 원시적이고 직접적인 체험이 고향 의식에서 비롯한 것을 알 수 있게 합니다.

부정적 현실에서 꿈꾸는 아름다운 사랑

가난한 내가
아름다운 나타샤를 사랑해서
오늘 밤은 푹푹 눈이 나린다

나타샤를 사랑은 하고
눈은 푹푹 날리고
나는 혼자 쓸쓸히 앉아 소주를 마신다
소주를 마시며 생각한다
나타샤와 나는
눈이 푹푹 쌓이는 밤 흰 당나귀 타고
산골로 가자 출출이 우는 깊은 산골로 가 마가리에 살자

– 백석, 〈나와 나타샤와 흰 당나귀〉 중

    이 시는 제게 매우 특별한 순간을 떠올리게 합니다. 고등학교를 다닐 무렵 봄으로 기억됩니다. 제가 동아리 활동으로 참여하고 있던 문예부 시간이었습니다. 담당 선생님이 프린트 몇 장을 나누어 주셨죠. 그리고는 아무 말씀도 하시지 않으셨습니다. 칠판에는 '그냥 있는 대로 읽을 것'이라고 적혀 있었습니다. 그때 이 시를 읽으면서 코끝이 찡해질 정도의 충격을 받았습니다. 문학 시간에 배웠던 시가 아니었습니다. 시험문제로 출제되는, 누군가가

중요하다고 밑줄로 자르고, 시험에 꼭 나온다고 단정하던 그런 시가 아니었습니다. 아마 그런 의미에서 스스로 느끼고, 스스로 시를 들여다보라고 선생님은 아무런 말씀도 없으셨던 것 같습니다.

눈이 푹푹 내리는 겨울밤을 배경으로 화자의 사랑하는 여인을 향한 간절함이 시에 드러납니다. 제가 정서적 충격을 받았던 부분은 1연에 3행으로 제시된 한 문장입니다. 문법 시간에 배운 바로는 '~(어)서'는 인과관계를 나타내는 종속적 연결어미입니다. 이 문장은 문법적으로는 분명 비문입니다. '가난한 내가 아름다운 나타샤를 사랑'하는 것과 '오늘 밤은 푹푹 눈이 나리'는 것과는 아무런 인과적 관계가 없습니다. 그런데 형식적인 문법의 틀이 파괴될 때 정서적 파급력은 극대화됩니다. '가난한' 사랑이지만 얼마나 간절하면 '눈이 내리'게도 할 수 있는지, 그 동아리 시간에 저는 한동안 곰곰이 생각했습니다. .

백석 시인의 여러 일화 중에 하나를 소개합니다. 연인이었던 김자야 여사와 분단으로 어쩔 수 없는 이별을 한 일이 있습니다. 많은 부를 축적했던 여사는 1980년대 당시 1천억 원에 가까운 재산을 기부하며 사람들을 놀라게 했습니다. 재산이 아깝지 않으냐는 어느 기자의 질문에 이렇게 답했다고 합니다. "내가 번 돈 전부를 다 합쳐도 백석 시인의 시 한 줄의 값어치도 되지 못합니다."

"진실로 당신이 만주로 가자고 했을 때 나는 이것저것 헤아리지 않고 내 낭군님을 따라가야 했었으리라. 그것이야말로 나를 그토록 사랑해 주신 당신께 대한 진정한 내 보답의 길이 되었으리라. 당신은 부모님께 손자를 안겨 드리지 못하는 것을 늘 송구스러워했다. 당신이 그런 말을 할 때마다 나는 낯이 화끈거려 돌아앉았고, 그것을 이루어 드리지 못하는 나 자신의 처지가 몹시도 한스러웠다. 자식이야 사실은 내가 더 속으로 바라고 있었지만 그 시절 혼인하지 않고 자손을 갖는 것은 큰 비극을 불러일으키는 큰 소란이었다. 그 때문에 우리의 소망은 끝내 이루어지지 못했던 것이다."

_ 김자야, 〈내 사랑 백석〉 중

공포와 절망에서 끌어올린 보석

기형도 시인이 가난과 가족의 죽음을 경험한 유년기의 상처들을 쓴 시들을 읽으면 체험이 시로 구체화되는 과정을 깊이 이해할 수 있습니다. 특히 독창적인 시 정신을 구체적 언어로 표현하는 부분에는 강력한 시적 매력을 느낄 수 있죠. 무차별적으로 가해지는 폭력이 미세한 일상에까지 스며들어 있음을 감지하는 시인의 시들은 부조리한 현실과 조화를 이루지 못하는 현대인들의 삶을 보여줍니다. 특히 감각적 이미지와 밀착된 시들을 통해 시적 구조를 이해하면 시를 좀 더 깊게 이해할 수 있습니다.

"기형도 시에 나타나는 촉각은 대상에 대한 구체적인 느낌을 있는 그대로 드러내는 정직한 지각 방식도 아니며, 대상에 가까이

다가가는 친밀한 감각도 아니다. 오히려 차갑고 축축한 촉각에 의해 사물은 변형된 형태로 나타나며, 그 결과 외부 세계는 기괴한 풍경으로 그려진다."라는 한 평론가의 언급은 그의 시 세계를 잘 대변하고 있습니다.

사랑을 잃고 나는 쓰네

> 잘 있거라, 짧았던 밤들아
> 창 밖을 떠돌던 겨울 안개들아
> 아무것도 모르던 촛불들아, 잘 있거라
> 공포를 기다리던 흰 종이들아
> 망설임을 대신하던 눈물들아
> 잘 있거라, 더 이상 내 것이 아닌 열망들아
> 장님처럼 나 이제 더듬거리며 문을 잠그네
> 가엾은 내 사랑 빈집에 갇혔네
>
> — 기형도, 〈빈집〉 전문

'더듬거리며 문을 잠그'는 화자의 행위는 '가엾은 내 사랑 빈집에 갇'히게 하는 결과를 만듭니다. 더듬거리는 행위는 촉각을 통해 대상의 상태를 확인하는 행위입니다. 명시적이지도 않고 확신이 있는 행위도 아니죠. 그 행위로 인해 '내 사랑'이 가엾게 '빈집'에 갇히고 맙니다. 화자 자신의 불찰이나 잘못으로 인해 사랑을 잃어버리고 말았다는 자책과 죄책감은 '내 사랑'을 빈방이 아니라 빈집으로 몰아넣습니다. 이런 표현은 시적 공간을 확장하게 하고 상실감을 더 크게 느끼도록 합니다.

> 내 유년 시절 바람이 문풍지를 더듬던 동지의 밤이면 어머니는 내 머리를 당신 무릎에 뉘고 무딘 칼끝으로 시퍼런 무우를 깎아주시곤 하였다. 어머니 무서워요 저 울음소리, 어머니조차 무서워요. 얘야, 그것은 네 속에서 울리는 소리란다. 네가 크면 너는 이 겨울을 그리워하기 위해 더 큰 소리로 울어야 한다. 자정 지나 앞마당에 은빛 금속처럼 서리가 깔릴 때까지 어머니는 마른 손으로 종잇장 같은 내 배를 자꾸만 쓸어 내렸다. 처마 밑 시래기 한줌 부스러짐으로 천천히 등을 돌리던 바람의 한숨. 사위어 가는 호롱불 주위로 방 안 가득 풀풀 수십 장 입김이 날리던 밤, 그 작은 소년과 어머니는 지금 어디서 무엇을 할까?
> _ 기형도, 〈겨울판화1 - 바람의 집〉 전문

기형도 시인은 불우한 유년 시절을 보낸 것으로 알려져 있습니다. 복잡한 가정사가 그의 삶에 도사리고 있었고, 극심했던 경제적 어려움이 그의 유년기를 감쌌습니다. 그런 이유 때문인지 그의 시는 주로 어둡고 비참한 세계를 그리고 있습니다. 이 시 역시 감각적 이미지를 통해 유년 시절을 생생하게 그리고 있습니다. '어머니조차 무섭다'는 공포감과 절망적 인식은 그를 그로테스크(음울한, 기괴한)한 시 세계로 이끌었을 것입니다.

'종잇장 같은 내 배'와 '방 안 가득 풀풀 수십 장 입김이 날리던 밤'의 이미지가 환기하는 극단적인 가난은 그가 떨쳐 버릴 수 없었던 삶의 환경으로 이해됩니다. '은빛 금속처럼 서리가 깔릴 때까지'라는 표현은 그의 공포감을 극명하게 드러냅니다. 자연물인 서리를 은빛 금속성을 가진 칼날에 비유하는 것은 세계에 대한 절망적 인식이 전제되지 않고서는 쉽게 나올 수 없는 표현입니다. 그럼에도 시인은 '그 작은 소년과 어머니'를 그리워합니다. 공포와 절망적 상황에서도 시인은 모성에 대한 그리움을 토로하고 있습니다. 그럼에도 '어머니조차' 무섭다는 인식은 자신을 둘러싼 세계에 대한 공포감이 어느 정도였는지를 보여줍니다.

그의 대표작 중의 하나인 〈빈집〉을 읽어보면 그의 세계관은 더욱 극명하게 드러납니다. 시인은 과거의 사랑과 관련된 아름다운 추억을 빈집에 넣고 문을 잠그려고 합니다. 저는 이 폐쇄적인 공간에 사실은 시인이 갇혔던 것은 아닐까라고 생각한 적이 있습니다.

'더 이상 내 것이 아닌 열망'들에게 안녕을 고하며 스스로를 유폐하려는 시인의 삶은 도대체 얼마나 절망적이었을지 헤아려 봅니다. 사랑을 잃은 화자의 공허한 내면은 그렇게 허무하지만 강인한 자기부정으로 독자에게 강렬하게 다가섭니다. 이미 고인이 된 시인의 젊은 시절의 고통을 생각하면 가슴이 뻐근할 정도로 아플 따름입니다.

잘익은 토마토

사랑에 관한 두 가지 고백

1900년대, 그러니까 21세기가 되기 전, 문학에 대한 절대적 권위가 인정되던 시절이 있었습니다. 당대의 천재들이 문학을 주도했고, 독자들은 차고 넘치는 계몽적 교양에 매료되었습니다. 지적인 아우라가 넘치는 비장함과 숭고함에 홀리듯이 탄식을 터뜨리던 시절이었습니다. 교육 수준이 상향평준화되면서 인문학의 영향력은 보편화되었고, 문학적 권위는 많이 떨어졌습니다. 문학이 차지하던 자리를 대중문화가 넘겨받았습니다. 특히 대중문화의 비약적 성과는 문학의 유용성까지 넘볼 만큼 대단했습니다.

문학이 대중문화와 접점을 찾을 수 있는 분야는 넓고 깊어졌습니다. 대표적으로 음악이 그렇고, 영화가 그렇습니다. 대중가요의 노랫말이 대중들의 정서적 요구를 더 정확히 수용하면서 어느 순간부터 시는 대중들의 외면을 받았습니다. 심하게 말해 시인들끼리 돌려보는 청첩장 같은 장르가 되었고, 영화는 소설이 그릴 수 있는 영역을 가볍게 밟고 올라섰습니다. 기발한 상상력을 펼치며 인간의 내면을 뒤흔들면서 전통 서사인 소설을 시장 바닥에 내리꽂았다고 표현하면 너무 과장이 심할까요. 대중문화는 앞으로 점점 더 깊이 들어가고, 더 높이 솟아올라 삶의 전반에까지 영향력을 펼칠 태세입니다.

외롭고 고즈넉한 순간에 만나는 문장

그럼에도 어느 순간, 우리는 문학을 다시 찾게 되는 경우가 있습니다. 시청각의 언어인 영상물이 대중의 환호와 기호를 싹 다 잡아먹고 있는 상황에서도 어느 순간 우리는 문자텍스트만으로 이루어진 책을 집어들 때가 있습니다. 가장 외롭고, 고즈넉한 순간에 우리는 기꺼이 문학에 자리를 내어주어야 할 때가 있지요. 아마 스스로의 힘과 이해를 통해 세상과 소통하고 싶은 순간이 그럴 때일 겁니다. 실존적 자각이 정신을 흔들어 깨울 때 사람은 가장 존엄해집니다. 그 대상이 스토리가 됐든, 감정이 됐든 우리는 문학의 영향력 안에 머물 것입니다.

현란한 과학기술 문명과 손잡고 전방위로 펼쳐지는 서사의 영역을 섭렵해가고 있는 영화 역시 문학에서 스토리텔링의 자양분을 찾습니다. 자본의 지원을 받는 광고와 음악도 근본적으로는 서정문학인 시를 통해 확장력을 가질 수밖에 없습니다. 이유는 자명합니다. 상상력의 깊이는 인간에 대한 통찰력에서 나오기 때문입니다.

상상력의 밑바닥이나 서정의 감수성도 문자텍스트를 근본적으로 넘어설 수는 없습니다. 인류가 문자를 만들어 지식을 확대해 나갈 때의 눈부신 성취를 생각해 보십시오. 오래되었지만 시간이 갈수록 깊이를 더해 가는 사람들의 인연이 있듯, 문학에도 알면 알수록 무릎을 치게 되는 시들이 있습니다. 비유와 상징이라는 문학 본연의 언어적 기법으로 깊이 있는 사랑의 통찰을 들려주는 시 두 편을 읽어보려 합니다.

김광섭 <저녁에>, 아득한 시공간을 넘어 온 사랑

저렇게 많은 중에서
별 하나가 나를 내려다본다
이렇게 많은 사람 중에서
그 별 하나를 쳐다본다

밤이 깊을수록
별은 밝음 속에 사라지고
나는 어둠 속에 사라진다

이렇게 정다운
너 하나 나 하나는
어디서 무엇이 되어
다시 만나랴

_ 김광섭, 〈저녁에〉 전문

어려운 시어가 하나도 없는 시입니다. 제목을 포함해 한자 어휘도 거의 없는 시입니다. 초등학생도 읽을 수 있는 내용이죠. 별들이 있는 하늘에서 별이 나를 내려다보고, 사람들이 있는 지상에서 나는 별을 바라봅니다. 그리고 시간이 깊어져 별은 사라지고 그 만남은 끝납니다. 시의 대략적인 내용은 이렇습니다. 이 대수롭지 않은 상황이 시가 됩니다. 흔한 상황이 문학이 되고, 시가 될 수 있었던 지점을 살펴보겠습니다. 사실 시문학은 줄거리를 추리기가 어렵습니다. 물론 줄거리를 지니는 시들도 있지만 이 시의 줄거리는 큰 의미가 없습니다. 그렇다면 이 시가 정말 말하고자 하는 진짜 내용은 어떤 것일까요.

1969년 《월간중앙》에 발표된 김광섭(1905~1977) 시인의 시입니다. 시인은 중고등학교 교과서에 실린 〈성북동 비둘기〉를 쓴 시인으로도 많이 알려져 있습니다. 이 시의 깊이는 어려운 말에서 나오지 않습니다. 좋은 시는 어려운 말에서 의미를 길어 올리지 않습니다. 이 시를 제대로 읽으면 사랑에 대한 통찰력이 전하는 울림이 깊은 여운을 남깁니다. 감각적이고 직설적인 대중가요의 노랫말도 아름답지만 좋은 문학은 그 너머의 심연을 담아냅니다.

1연은 별과 나가 서로 바라보며 인연을 맺는 장면입니다. 이 부분에서 중요한 시어는 '저렇게'와 '이렇게' 입니다. '저렇게'는 멀리 있는 거리를, '이렇게'는 보다 가까이 있는 거리를 나타내는 지시어이죠. '나'가 있는 지상과 '별'이 있는 천상은 아득한 거리로 떨어져 있습니다. '별은 나를 내려다보고 나는 별을 쳐다보는 행위'는 두 존재 사이에 놓인 거리를 수직적으로 결합합니다. '이렇게 많은 사람 중에서'는 숱하게 많은 사람들 사이에서 선택된 화자의 수평적 거리감을 한순간에 줄여 내는 효과가 있죠. 1연은 시의 장면을 두 존재의 만남으로 초점화합니다. 두 개의 부사어가 수직적인 거리와 수평적인 거리를 한순간에 한 장면으로 압축해 버립니다. 또 하나 중요한 시어는 '하나'입니다. 하늘의 무수한 별 중에서 '별 하나'라고 지칭되면서 별은 시적 화자와 일대일의 대면적 관계에 있는 의미 있는 존재로 선택됩니다.

2연은 밝음과 어둠에 의해 별과 화자가 이별하는 상황입니다. 이 이별에는 시간성이 개입합니다. 1연이 공간을 축소함으로써 만남의 장면을 이루어 냈다면 2연은 시간에 의해 이별을 하게 됩니다. '별'은 어둠 속에서 빛나다가 새벽이 되면서 사라집니다. 그리고 '나'는 세월이 흘러가면서 쓸쓸하게 죽을 수밖에 없는 유한한 존재입니다. 별은 내일 밤에도 뜨겠지만 나는 세월의 흐름을 이길 수 없습니다. 둘은 몇천만 분의 일의 인연으로 만났지만 영원히 지속할 수 없는 관계입니다. 모든 존재의 만남도 이럴 것입니다. 무수히 많은 상대를 만나지만 서로에게 '우리'가 될 수 있는 존재는 오직 '하나'입니다. 그러나 시간을 거스르지 못하고 언젠가는 이별합니다. 존재의 비극적 숙명은 이렇게 시작합니다. 만나는 순간부터 이별을 향해 가는 것입니다. 유한하다는 말에는 쓸쓸한 존재의 비극이 체세포처럼 자라고 있는 셈입니다.

3연은 문학의 통찰력이 빛나는 부분입니다. '이렇게 정다운' 관계가 유지되는 한 인연은 지속될 수 있습니다. 그러므로 이별했지만 재회가 기다립니다. 다른 예술 분야에서 제목으로 여러 번 차용한 그 유명한 구절이 언급됩니다. '어디서 무엇이 되어 다시 만나랴'는 재회에 대한 확신이 없다는 의미가 아닙니다. 서술어 '만나랴'에 주목하면 다시 만날 수 없을 것이라는 회의적 시각으로 볼 수도 있습니다. 그러나 '무엇'에 주목해서 읽으면 반드시 만날 것이며, 그때 "'어떤 모습'으로 만나게 될까"라고 묻는 겁니다. 재회에 대한 미심쩍은 태도가 아니라, 어떤 모습으로 다시 만날지에 대한 설렘이 읽힙니다.

불교에서 말하는 윤회설을 가져다 읽어도 좋고, 사랑은 끝이 없다는 신념으로 읽어도 무방합니다. '정다운' 인연은 아름다운 것이며 소중한 것입니다. 언제, 어디서든지 다른 존재로 만날 수 있다는 희망이 중요한 것이니까요. 저녁(1연)을 거쳐 깊은 밤(2연)을 지나 미래(3연)를 밝히는 이 시에 쓰인 단어는 중복된 사용을 제외하면 고작 20개일 뿐입니다.

한용운 <나룻배와 행인>, 헌신하고 기다리는 사랑

나는 나룻배

당신은 행인

당신은 흙발로 나를 짓밟습니다.

나는 당신을 안고 물을 건너갑니다.

나는 당신을 안으면 깊으나 옅으나 급한 여울이나 건너갑니다.

만일 당신이 아니 오시면 나는 바람을 쐬고 눈비를 맞으며 밤에서 낮까지 당신을 기다리고 있습니다.

당신은 물만 건너면 나를 돌아보지도 않고 가십니다그려.

그러나 당신이 언제든지 오실 줄만은 알아요.

나는 당신을 기다리면서 날마다 날마다 낡아 갑니다.

나는 나룻배

당신은 행인

_ 한용운, <나룻배와 행인> 전문

이 시는 한용운(1879~1944) 시인의 유일한 시집 《님의 침묵》에 실려 있습니다. 시를 제대로 읽기 위해서는 한용운 시인의 이력을 참고할 필요가 있습니다. 시를 쓰는 승려이면서 민족 대표 33

인에 포함될 만큼 독립운동의 족적을 남긴 분입니다. 시집에 실린 모든 시가 시적 대상을 '님 또는 당신'으로 상정하고 있습니다. 그리고 산문 형태를 통해 '습니다'나 '~어요'라는 경어체를 일관되게 쓰고 있습니다.

'님'이 무엇을 의미하는가에 따라 시는 세 가지 내용으로 읽힙니다. 자연인으로서 시인을 고려하면 사랑하는 연인으로 볼 수 있고, 승려의 신분을 생각하면 종교적 절대자로 이해할 수 있습니다. 무엇보다도 우리에게 한용운 시인의 시가 울림을 주는 데는 독립운동가의 면모가 크게 작용합니다. 이때의 '님'은 잃어버린 조국으로 이해하면 될 듯합니다. 세 가지의 해석이 가능하지만 대체로 절대자로 이해하거나 조국으로 이해합니다. 이런 해석이 보편적인 이유는 시에서 보여주는 사랑에 대한 태도가 평범한 자연인으로서 인식과 한계를 넘어서는 경우가 많기 때문입니다.

1연에서 화자는 자신을 '나룻배', 당신을 '행인'이라고 규정합니다. 이런 비유적 설정은 화자가 수동적 위치에 있음을 밝히고, 당신을 기다림의 대상으로 전제합니다. 나룻배는 강물을 건너는 기능을 하고 행인은 나룻배를 물을 건너는 도구로 활용합니다. 이런 상황 설정은 2연을 이끌기 위해서입니다. 2연에서 당신은 '흙발로 나를 짓밟'는 존재로, 화자는 '당신을 안고' 건너는 존재로 표현합니다. 오로지 화자의 희생과 헌신으로 당신과의 관계가 유지되는 것이죠.

3연에서 '당신이 아니 오시면 바람을 쐬고 눈비를 맞으며' 당신을 기다리는 화자의 희생적인 태도는 '돌아보지도 않고 가시는 당신의 태도와 대비를 이룹니다. 이 구절은 당신에 대한 화자의 헌신적 사랑을 부각합니다. '기다림'이라는 행위에는 현재보다 더 나은 상태가 나타나도록 자신의 행위를 유지하는 의지가 표현되어 있습니다. 또한 대상이 부재하는 현실을 전제합니다. 3연에서 기다림이 의미하는 것은 수동적인 상태에서 아무것도 하지 않는 행위가 아니라 타자와의 관계를 적극적인 의사 속에서 개선하려는 활동입니다.

'당신이 언제든지 오실 줄만은' 안다고, 당신의 귀환에 대한 믿음을 드러내는 것은 당신과의 관계가 지속되기를 바라는 화자의 간절함을 표현합니다. 기다림의 의지는 대상에 대한 끝도 없는 믿음과 절대적 신뢰에서만 가능한 일입니다. 특히 바람과 눈, 밤과 낮의 시간성을 나타내는 시어는 어떤 시련 속에서도 기다림의 행위를 멈추지 않겠다는 화자의 의지가 표현된 부분입니다. 그러기에 '당신이 언제든지 오실 줄만은 안'다는 언급은 평범한 사람이 표현할 수 있는 사랑의 태도일 수가 없습니다.

'날마다 날마다 낡아 갑니다.'라는 화자의 말에는 기다림이 실현되지 않았지만, 희망을 잃지 않고 있는 안타까움이 절절히 드러납니다. 이런 태도가 가능한 이유는 기다림의 대상이 잃어버린 조국이나 절대자이기 때문입니다. 절대적이고 희생적인 사랑에 대한 화자의 헌신은 쉽게 흉내낼 수 없는 부분입니다. 사랑은 개인 간의 모습으로만 존재할 수 있는 것은 아니지요. 이 끝도 없는 사랑의 양상은 앞으로 더 많은 문학이 담아내고 통찰해 나갈 것입니다.

'공간'과 '장소' 사이에서 집 찾기

　금융 위기 이후에 등장한 미국의 캠핑족들은 집을 대신해 차에서 일상을 유지한다고 합니다. 그들은 관습적으로 쓰는 '홈리스(homeless)'라는 말을 부정합니다. 단지 경제적 이유로 집이라는 건축물이 없는 것일 뿐이라는 거죠. 건축물로서 공간인 하우스가 없어졌다는 것입니다. 그들이 대안으로 선택한 말은 '하우스리스(houseless)'입니다. 가족이 함께 하고 관계가 유지되는 새로운 가구의 등장이라고 말합니다. 특별해 보이지 않아 보일 수도 있는 일입니다.

　그런데 이런 생각의 바닥에는 단순하지 않은 사회의 변화와 사람들의 인식의 전환이 포함돼 있습니다. 가정과 건축물은 다르다는 겁니다. 홈은 가정이라고 부를 수 있는 정서가 축적된 곳이고, 하우스는 정서적 공간이라기보다는 물질적인 의미가 더 크다는 거지요.

가치의 부여에 따라 갈리는 공간과 장소

　인문학에서는 '공간'과 '장소'를 구분합니다. 건축학이나 지리학과 같은 분야에서도 다른 의미로 사용하죠. 이때 기준이 되는 것은 '가치'입니다. 공간(space)은 단순히 물리적 속성을 갖춘 기하학적 대상입니다. 사람들의 정서적 가치가 축적되지 않은 곳을 의미합니다. 쉽게 말하면, 그냥 건물입니다. 그러니까 홈이 아니고 하우스인 셈이죠. 이 공간에 정서적 가치가 결합 되면 장소(place)가 됩니다. 하우스가 홈이 되는 것이지요. 아파트의 모델하우스는 인간적 감정이나 정서적 반응이 스며있지 않습니다. 물질로서 교환의 대상이 되는 겁니다. 그리고 필요에 따라 맞바꿀 수도 있으므로 동적인 성질을 지닙니다. 반면, 장소는 안정감과 삶의 흔적이 스며들어 오래 머무르고 싶은 곳입니다. 상대적으로 정적이며 시간이 축적되어 경험과 기억을 공유하는 경우가 많죠.

건축물의 형태만 공간과 장소의 대상이 되는 것은 아닙니다. 흔적만 남은 집터도 장소가 될 수 있습니다. 산이나 바닷가에 특별한 기억이 있다면 장소가 될 수 있는 것이지요. 또한 한 개인의 정서적 가치만 판단 기준이 되는 것은 아닙니다. 집단의 동질감이 부여되면 단순한 공간의 의미를 넘어 장소가 되는 것이죠. 집단성의 가치가 장소성을 더욱 증폭하는 경우도 있죠.

사회나 국가로 확장되어도 마찬가지입니다. 광화문이나 국립묘지가 개인의 전유물이 아니기 때문에 가치는 더 큰 확장성을 가집니다. 그러므로 공간과 장소의 구분 기준은 어떠한 가치가 부여되느냐에 따라 결정됩니다. 무가치하던 공간이 가치가 부여되면 그곳은 개인과 집단의 정체성이 부여되고 사람들이 안정감을 느끼는 장소가 되는 것입니다.

그렇지만 어떤 계기로 인해 맺고 있던 진정한 애착 관계가 결여되거나 허물어지면 장소의 의미는 변질되고 맙니다. 이른바 '장소 상실(placelessness)'이 일어납니다. 이런 상황이 가속화되면 장소로서의 기능과 의미를 잃어버립니다. 가치가 옅어지면서 사람들은 정체성의 위기를 경험하게 됩니다. 다른 방향으로 '장소'에 다가가 볼까요? 단순한 공간이 아니라 진정한 장소를 찾아 나선 사람들의 이야기를 들어보도록 하겠습니다. 박완서 작가의 소설 〈환각의 나비〉와 공선옥 작가의 소설 〈한데서 울다〉를 통해 공간과 장소가 사람들에게 어떤 의미와 역할을 하는지 살펴보겠습니다.

박완서 〈환각의 나비〉, '집'을 찾아 가출한 어머니

〈환각의 나비〉는 치매에 걸린 어머니를 모시는 문제를 두고 영주와 영탁 남매가 벌이는 갈등을 이야기의 씨줄로 삼고 있습니다. 여기에 장녀인 영주의 시각에 포착된 어머니의 모성을 '나비'로 비유하며 날줄로 엮은 소설입니다.

우선 줄거리를 살펴보겠습니다. 젊어서 남편을 잃고 하숙집을 운영하며 홀로 힘겹게 세 아이를 키우며 살아온 어머니는 나이가 들어 치매 증세가 나타납니다. 노모는 딸 영주네와 외아들인 영탁네를 오가며 자식에게 의탁해 살지만 젊은 시절 아이들을 키우며 살았던, 허름하고 낡은 '종암동 집'만큼 마음이 편치는 못하죠. 우여곡절 끝에 어머니는 가출을 하게 되고, '종암동 집'을 닮은 '천개사 포교원'에서 편안하게 안식을 누리게 됩니다.

소설은 영주를 중심인물로 내세워 자신과 함께 삶을 헤쳐 나온 홀어머니의 아픔을 차분하게 서술하고 있습니다. 표면적으로 치매 걸린 노모를 내세운다는 점에서 노인 문학의 성격을 띠고 있습니다. 주목할 부분은 그 이면에 있는 소설적 장치입니다. 어머니의 집에 대한 장소 지향성과 장소 상실이 실제 소설을 이끌고 있다고 해도 무방합니다. 작가는 노련하고 섬세한 문장으로 노모가 살아온 삶의 실체를 돌아봅니다. 더불어 결혼한 장남이 부모를 모셔야 한다는 사회적 통념 때문에 빚어진, 치매 노인에 대한 반생명적 문화의 폐해를 함께 풀어냅니다.

어머니가 찾아든 '천개사 포교원'에는 열네 살 때 흉측한 일을 당한 후 무당이 되어 식구들을 먹여살려온 마금이, 곧 지금의 자연 스님이 살고 있죠. 사실 이 소설은 4부로 구성되어 '마금'에 관한 이야기를 함께 제시하고 있습니다만 '장소성'을 다룬다는 점에서 영주네의 이야기를 주로 언급하도록 하겠습니다. 어머니는 부엌일이 서툰 자연 스님에게 애정 섞인 타박을 하며 시간을 보내고 있습니다. 어머니의 모습은 마치 오래된 자식을 거두는 것처럼 자연스럽습니다. 가출한 어머니를 찾아 나선 영주는 어머니의 자유롭고 행복한 삶을 목격합니다. 영주는 갑작스럽게 어머니가 큰 나비가 되는 환각의 세계를 경험하며 어머니에 대한 경외의 감정을 느끼게 됩니다.

더할 나위 없이 화해로운 분위기가 아지랑이처럼 두 여인 둘레에서 피어오르고 있었다. 몸집에 비해 큰 승복 때문에 그런지 어머니의 조그만 몸은 날개를 접고 쉬고 있는 큰 나비처럼 보였다. 아니 아니 헐렁한 승복 때문만이 아니었다. 살아온 무게나 잔재를 완전히 털어버린 그 가벼움, 그 자유로움 때문이었다. 여지껏 누가 어머니를 그렇게 자유롭고 행복하게 해드린 적이 있었을까. 칠십을 훨씬 넘긴 노인이 저렇게 삶의 때가 안 낀 천진 덩어리일 수가 있다니.

암만해도 저건 현실이 아니야, 환상을 보고 있는 거야. 영주는 그래서 어머니를 지척에 두고도 한 발자국도 앞으로 나가지 못했다. 그녀가 딛고 서 있는 것은 현실이었으니까. 현실과 환상 사이는 아무리 지척이라도 아무리 서로 투명해도 절대로 넘을 수 없는 별개의 세계니까.

어머니에게 진짜 '집'은 어디인가

이 소설의 진짜 주제를 읽기 위해서는 이야기에 나오는 집의 위치를 파악해야 합니다. 소설에는 모두 네 군데의 집이 나옵니다. 우선 아들 영탁의 집입니다. 아들이 어머니를 모셔야 한다는 가부장적 통념 때문에 영탁은 어머니를 모시기로 하지만, 분가한 아들네에서 채 3개월을 버티지 못하고 어머니는 딸인 영주네 집으로 돌아옵니다. 영주는 오랫동안 어머니와 살던 과천에서 서울의 둔촌동으로 이사를 온 상태였습니다. 영탁의 집은 어머니로서는 정서적 가치를 부여할 곳이 아니므로 단순한 공간일 뿐입니다. 영주가 새로 이사한 둔촌동 역시 어머니에게는 공간일 뿐입니다. 대신 '과천'은 어머니에게는 정서적 의미가 투영된 '장소'가 됩니다.

아들네와 딸네로 떠도는 상황에서 벗어나기 위해 어머니가 선택한 과천을 작가는 '완충 지대'라고 표현합니다. 그리고 가장 중요한 집이 하나 남아 있습니다. 가출을 감행한 어머니가 최종적으로 선택한 집은 아들네도, 딸네도 아닙니다. 그곳은 '천개사 포교원'이라는 낡고 허름한 모습을 한, 예전 '종암동 집'을 닮은 도심 속의 절집이었습니다.

이런 이야기는 어찌 보면 주변에서 어렵지 않게 볼 수 있는 일들입니다. 이 소설이 날렵할 만큼 아름다운 이유는 마지막 부분 때문입니다. 어렵게 찾은 어머니는 홀로 자식을 키우느라 작고 초라해진 몸에 헐렁한 승복을 입고 있습니다. 살아온 잔재를 모두 털어버리고 가볍고 자유로운 날개를 펄럭이고 있는 어머니는 살아온 현실 어디에서도 찾아볼 수 없던 모습이었지요. 영주에게도 이런 어머니의 모습은 한번도 본 적 없던 것입니다. 현실에서는 볼 수 없는 장면이기 때문에 영주에게 이 장면은 '환각'일 수밖에 없는 것이지요. 현실에서 볼 수 없는 것이 환영이고 환각일 테니까요.

어머니를 찾았지만 정작 영주는 지척에 있는 어머니에게 다가갈 수 없습니다. 그건 어차피 환상이니까요. 현실과 환상은 넘나들 수는 있겠지만, 경계를 넘어서는 순간 환영은 사라지고 맙니다. 만약 영주가 어머니에게 다가가 다시 현실의 집으로 모셔온다면, 이 소설은 문학이 될 수 없었을 것이고, 아름다운 소설이 될 수도 없었을 겁니다. 환각의 나비는 현실로 넘어오는 순간, 자유로운 날개를 잃고 또다시 자식들의 짐이나 될 테니 말이죠. 현실의 집으로 돌아올 때 어머니는 가혹한 '장소 상실'을 경험하겠지요. 이 지점에서 작가는 소설을 멈춥니다. 어머니에게 진짜 '집'이 어디인지, 긴 여운을 남깁니다. 가장 소중한 가치가 부여된 장소는 결국 아들네도, 딸네도 아니었습니다.

공선옥 <한데서 울다>, 도시 탈출을 감행한 주부

공선옥 작가의 소설 <한데서 울다>는 자본주의가 점령한 도시에서 벗어나려는 한 주부의 일상을 다룹니다. 그녀의 에피소드를 통해 진정한 삶의 자유가 무엇인지를 탐색하는 작품입니다. '한데'는 상하, 사방을 덮거나 가리지 아니한 곳을 뜻하는 우리말입니다. 주인공 정희는 멀쩡한 집을 두고서 왜 한데서 울고 있을까요? 이 소설 역시 표면적으로는 도시를 벗어나 시골에 정착하려는 사람의 이야기입니다. 이면을 들여다보면 훨씬 재미있는 이야기를 만날 수 있습니다. '공간'이 아닌 '장소'를 찾아 고군분투하는 주인공의 삶은 생각할 거리를 많이 던져줍니다. 줄거리를 따라 이야기 안으로 들어가 보겠습니다.

정희는 어렵게 장만한 도시의 아파트를 '한데'로 인식하며 시골집을 보러 다닙니다. 그녀는 남편을 설득하여 아파트를 세놓고 뒷마당이 있는 시골집으로 이사를 결심합니다. 도시에 멀쩡한 집을 두고 이사를 가자는 정희의 요구로 남편과 갈등을 겪죠. 결국 시골집으로 이사를 왔지만 막상 시골은 정희가 기대한 것처럼 평화롭고 고요한 곳이 아니었습니다. 정희는 시골 사람들을 무시하고 무례하게 구는 사냥꾼들과 다투고, 이후 다른 집을 보러 다니다가 도시의 주차장에서 낯선 남자를 만나 봉변을 당하기도 하죠. 낭패감을 느끼며 시골집으로 돌아오는 길에 자신을 따뜻하게 대하는 번개탄 장수를 만나 시골에서의 삶에 위안을 얻고 이곳에 정착하기로 결심하게 됩니다.

주인공 정희가 찾아다니는 집은 우리가 일반적으로 생각하는 살 공간과 재산 가치가 뒤섞여 있는 집과 다릅니다. 도시의 집을 세를 주면서까지 정희가 찾고자 하는 집은 단순한 공간이 아니며, 물질적 척도로 평가받는 곳은 더욱 아니죠. 정희는 자신이 찾고자 하는 집에 대해 이렇게 말합니다.

앞마당은 공개적이어서 비밀도 없고 그래서 오래 간직할 추억거리도 없다. 그러나 뒷마당은 그 얼마나 많은 얘기들을 키워 준 곳이던가. 뒷마당은 그녀 인생의 보물 창고였다. 집이란, 그런 곳이어야 하지 않을까. 육신이 몸담은 가장 정신적인 곳, 그걸 집이라고 할 수 있지 않을까. 뒷마당 없는 집, 우리 인생의 보물 창고가 되어 줄 공간이 없는 집은 집이 아니라 건물일 뿐이다. 그것은 집이라는 이름을 단 '상품'일 뿐이다. 한데, 지금은 영원히 사라져 버렸다고 여겼던 그 '집'이 거기 있었다. 정희는 그 집을 발견한 것만으로도 그날 행복했다.

번개탄 장수와의 만남, 그리고 눈물

시골에 온 정희는 아늑하고 정신적인 삶을 기대했지만 현실은 꼭 그렇지는 않습니다. 평안하고 조용할 것으로 예상했던 시골은 매일 아침 트럭을 타고 나타나는 번개탄 장수의 소음으로 편안함을 느끼지 못합니다. 이에 정희는 다시 도시로의 이사를 위해 시내로 나가 집을 보러 다니던 중 무례한 남자에게 봉변을 당하며 분노와 서러움을 느끼기도 합니다. 사냥꾼의 총소리를 떠올리며 '장소'에 대한 상실감을 느낍니다.

소설의 제목에 나온 '한데'는 주인공 정희의 '장소 상실'을 상징적으로 나타내는 단어입니다. 정희에게 도시는 물신화 되어, 계산적이고 폭력적인 '한데'의 삶입니다. 반면에 시골은 평화롭고 따뜻한 이미지로 표현됩니다. 공간이 장소성을 획득하기 위해서는 우선 삶의 거주지가 되어야 합니다. 그리고 그 집과 관계된 다른 요소들과의 유기적인 감정 교류가 일어날 때 이루어지는 것이죠. '한데'와 구별되는 따뜻한 집은 단순히 도시와 시골의 경계로 구분되지 않습니다. 공간과 장소의 차이는 절대적인 것이 아니며, 의식과 경험의 교류가 유의미한 흔적을 남길 때 가능해지는 것이겠죠.

아침마다 마을을 소란스럽게 하는 번개탄 장수와의 뜻밖의 만남은 소설이 그려내려고 했던 진정한 집을 깨닫게 하는 역할을 합니다. '집도 아닌 집'인 아파트를 벗어나려고 했던 주인공에게 훈훈한 인간미를 보여주는 이 사건을 통해 정희는 마음의 위로를 얻게 됩니다. 트럭장수는 자주 장을 볼 수 없는 마을의 주민들을 배려해 잘 팔리지도 않는 번개탄을 싣고 다닙니다. 이를 알아차린 정희는 마음의 안정을 되찾게 됩니다. 번개탄 장수가 기꺼이 정희에게 외상으로 물건을 건네주는 소설의 마지막 장면에서 독자들은 어쩌면 정희가 흘리는 눈물을 통해 사라졌던 인간미를 발견할 수도 있을 겁니다. 그 훈훈했던 인간미가 깃든 곳이 바로 '장소'가 될 테니까요.

트럭은 떠났다. 아이가 손을 흔드는데도 같이 흔들어 줄 정신이 없다. 그러면서 또렷이 떠오르는 시내 주차장에서의 일. 진저리가 절로 인다.

　차를 몰아 집으로 오며 정희는 다짐한다. 내일부터는 시내 나갈 일도 없을 것이라고. 분수에 맞지도 않는 이놈의 차도 없애 버릴 거라고. 그런데 웬 놈의 눈물은 그렇게도 쏟아지는지, 정희는 그만 차의 시동을 끄고 말았다.

언젠간 사랑도 눈처럼 그치고 배처럼 밀려나리라

> "내 기억 속의 무수한 사진들처럼, 사랑도 언젠간 추억으로 그친다는 것을 난 알고 있었습니다. 하지만 당신만은 추억이 되질 않습니다. 사랑을 간직한 채 떠날 수 있게 해 준 당신께 고맙단 말을 남깁니다."
> _ 영화 〈8월의 크리스마스〉, 주인공 '정원'의 마지막 내레이션

1998년 겨울쯤입니다. 포스터가 인상적이었던 영화의 제목은 〈8월의 크리스마스〉. 치명적인 병에 걸린 남자가 그 사실을 모르는 여자와 만나 사랑에 빠집니다. 그러나 남자의 죽음으로 이들의 사랑은 비극으로 끝납니다. 이 영화를 기억하는 분들은 마지막에 나오는 남자주인공의 내레이션을 한번 떠올려 보시지요. 시한부 인생을 살던 남자가 여자에게 차마 다하지 못한 말을 마지막 독백으로 속마음을 전달합니다.

사랑의 방법은 여러 가지입니다. 문제는 있지만 정답은 없고, 입구가 있어도 출구는 없습니다. 실마리를 어떻게 찾고 푸느냐에 따라 제각각 달라집니다. 모양도 색깔도 제각각입니다. 그래서 틀린 사랑은 없고, '다른 사랑'만 있는 건지도 모릅니다. 영화의 제

목처럼 사랑은 모순투성이가 아닐까요. 8월은 한여름이고 크리스마스는 한겨울입니다. 여름에 만난 두 사람은 겨울에 죽음으로 헤어집니다. 얼핏 앞뒤 안 맞아 보이는 제목은 시한부의 남자가 맞이할 수 없는 크리스마스의 낭만적인 사랑을 8월에 이루었다는 뜻으로 저는 이해합니다.

영화 모티프로 활용된 황동규의 <즐거운 편지>

  영화의 원래 제목은 '즐거운 편지'였다고 합니다. 같은 시기에 '편지'라는 영화가 개봉하면서 바꾼 것이라고 하네요. 마지막에 나오는 주인공의 내레이션은 황동규 시인의 시 <즐거운 편지>의 일부를 산문적으로 해석한 것입니다. 영화가 개봉하기 전에 이미 이 시를 알고 있던 사람들은 영화에 시가 소개되자 내심으로는 아쉬워했다는 후문이 있습니다. 꽁꽁 숨겨놓고 혼자만 알고 있는 사랑의 비밀을 다른 이들에게 들켜버린 듯한 마음에서 그러했을 것입니다.

  황동규 시인이 이 시를 쓴 나이가 고등학교 졸업반 때였습니다. 동네 서점에서 아르바이트를 하는 여대생에 대한 짝사랑을 시로 옮겼다고 합니다. 시인의 십대가 얼마나 예민한 촉수로 세상을 더듬었는지 지금도 놀라울 뿐입니다. 이 시가 실려 있던 시집 《삼남에 내리는 눈》에서 처음 읽었던 기억이 나는 이 시를 오랜만에 다시 펼쳐봅니다.

I

　내 그대를 생각함은 항상 그대가 앉아 있는 배경에서 해가 지고 바람이 부는 일처럼 사소한 일일 것이나 언젠가 그대가 한없이 괴로움 속을 헤매일 때에 오랫동안 전해 오던 그 사소함으로 그대를 불러 보리라.

II

　진실로 진실로 내가 그대를 사랑하는 까닭은 내 나의 사랑을 한없이 잇닿은 그 기다림으로 바꾸어 버린 데 있었다. 밤이 들면서 골짜기엔 눈이 퍼붓기 시작했다. 내 사랑도 어디쯤에선 반드시 그칠 것을 믿는다. 다만 그때 내 기다림의 자세를 생각하는 것뿐이다. 그동안에 눈이 그치고 꽃이 피어나고 낙엽이 떨어지고 또 눈이 퍼붓고 할 것을 믿는다.

_ 황동규, 〈즐거운 편지〉

눈 그치듯 사랑이 떠나가더라도

　자신의 사랑을 '사소하다'고 표현한 것, 언젠가는 헤어질 것을 알면서도 '즐거운' 편지라고 표현한 것은 반어적인 말투입니다. 사랑을 자연현상처럼 사소한 것으로 이해하지만 사실 자연현상이 어떻게 사소한 것이겠습니까. 그러므로 사랑은 어떤 순간에도 무엇보다 소중한 일상이 됩니다. 또한 '해가 지고 바람이 부는 일'처럼 다가오는 사랑은 매일 매일 반복되는 것처럼 결코 끝나는 법이 없을 것입니다.

이 시를 소리 내 읽거나 읊조려 본 사람은 알 수 있습니다. 아름다운 말의 가락과 자연스러운 리듬이 교차하면서 풀어내는 화자의 감정이 토씨 하나 남기지 않고 독자에게 전달됩니다. 겉으로 보기에는 산문시처럼 쓰였지만 행을 나눈 시보다도 훨씬 운율감이 살아 있습니다. 과하게 꾸미지 않고 섬세하게 언어를 껴안는 화자의 목소리가 놀랍습니다.

이 시에서 '사랑'과 동일한 의미를 갖는 시어는 '사소함'과 '기다림'입니다. 화자가 자신의 사랑을 사소하다고 거꾸로 말하고, 그 사랑이 언젠가는 그칠 것이라 말하는 것 모두가 '기다림의 자세'에서 나옵니다. 사랑이 변하지 않기를 바라지만 내리는 '눈'처럼 언젠가 그칠 수밖에 없습니다. 따라서 이런 사랑을 보다 오래 간직하는 방법은 사랑하는 순간을 기억하는 것이 아니라 '기다림의 자세'를 기억하는 것입니다.

기다리는 행위는 오로지 화자 자신의 의지에 속하는 것이므로, 이 사랑은 영원한 것이 될 수 있습니다. 하지만 그 사랑은 얼마나 고통스러울까요. 그걸 알기 때문에 화자는 '기다림의 자세'를 생각하고, 이 편지는 고통의 편지가 아니라, '즐거운 편지'라고 부르는 것이 아닐까요. 화자는 기다림의 고통마저도 기쁨으로 바꾸어 놓고 있습니다.

십대 후반의 시적 상상력이 그저 아름답기만 합니다. 시가 왜

젊음의 문학인지 새롭게 느껴집니다. 더불어 하나 더 언급하자면, 이 성숙한 사랑의 태도는 나이에서 오는 게 아니라는 점입니다. 문학의 언어와 세계에는 물리적 나이가 중요한 것이 아니라는 사실입니다.

매는 것과 미는 것의 차이

'매다'를 사전에서 찾으면 '끈 따위의 두 끝을 풀리지 않게 잡아동여 묶다'는 풀이가 나옵니다. '밀다'는 '힘을 주어 앞으로 나아가게 하다'는 뜻이죠. 어렵지 않은 두 단어의 뜻을 굳이 언급하는 이유는 두 편의 시가 이 두 단어의 의미 사이에 있기 때문입니다. 사랑은 구속이 아니라는 것은 모두 아는 일이지만, 소유욕이 생기고 그 감정이 과잉되면 결국은 다툼과 갈등으로까지 이어집니다.

장석남 시인의 시집 《왼쪽 가슴아래께에 온 통증》에 실려 있는 두 편의 시는 페이지가 이어진 채 나란히 실려 있습니다. 시인이 〈배를 매며〉와 〈배를 밀며〉의 두 편의 시를 이렇게 제시한 이유는 사랑의 넘나듦이 아마 두 편의 의미 사이에서 이루어진다고 믿고 있는 듯합니다.

>아무 소리도 없이 말도 없이
>등 뒤로 털썩
>밧줄이 날아와 나는
>뛰어가 밧줄을 잡아다 배를 맨다

아주 천천히 그리고 조용히
배는 멀리서부터 닿는다

사랑은,
호젓한 부둣가에 우연히
별 그럴일도 없으면서 넋놓고 앉았다가
배가 들어와
던져지는 밧줄을 받는 것
그래서 어찌할 수 없이
배를 매게 되는 것

잔잔한 바닷물 위에
구름과 빛과 시간과 함께
떠 있는 배

배를 매면 구름과 빛과 시간이 함께
매어진다는 것도 처음 알았다
사랑이란 그런 것을 처음 아는 것
빛 가운데 배는 울렁이며
온종일을 떠 있다

_ 장석남, 〈배를 매며〉

사랑이라는 감정은 예상치 못한 상황에서 시작되고 좀처럼 막아내기도 쉽지 않습니다. 부지불식간에 물결이 스며 배를 적시듯 그렇게 옵니다. 시는 밧줄로 배를 매는 일이 사랑이라고 차분한 목소리로 말합니다. 사랑이란 갑자기 '날아온 밧줄로 배를 묶는' 것처럼 갑작스럽고 조용히 시작합니다. 사랑을 싣고 삶이라는 긴 항해가 가능한 것은 '배'가 있기 때문입니다. '빛 가운데 배는 울렁이며 / 온종일을 떠 있다'는 문장은 사랑에 빠진 존재의 기쁨과 설렘을 표현합니다.

> 배를 민다
> 배를 밀어보는 것은 아주 드문 경험
> 희번덕이는 잔잔한 가을 바닷물 위에
> 배를 밀어넣고는
> 온몸이 아주 추락하지 않을 순간의 한 허공에서
> 밀던 힘을 한껏 더해 밀어주고는
> 아슬아슬히 배에서 떨어진 손, 순간 환해진 손을
> 허공으로부터 거둔다
>
> 사랑은 참 부드럽게도 떠나지
> 뵈지도 않는 길을 부드럽게도
>
> 배를 한껏 세게 밀어내듯이 슬픔도

그렇게 밀어내는 것이지

배가 나가고 남은 빈 물 위의 흉터
잠시 머물다 가라앉고

그런데 오, 내 안으로 들어오는 배여
아무 소리 없이 밀려들어오는 배여

_ 장석남, 〈배를 밀며〉

사랑이 지나간 자리

 이 시는 앞서 인용한 〈배를 매며〉와 같은 선상에 있는 작품입니다. 시인은 따로 표시하지 않았지만 연작시로도 볼 수 있을 듯싶습니다. 〈배를 매며〉가 사랑의 시작과 존재가 엮이는 것에 관한 내용이라면, 이 시는 '밀어낸다'는 행위를 통해 헤어짐에 관한 내용을 표현합니다. 배를 매는 행위나 배를 미는 행위는 표면적으로는 연관성이 없지만, 유추적 관계를 맺으며 만남과 헤어짐에 대해 한참을 생각하게 합니다.

 이 시의 첫 연은 배를 밀어본 경험에 대한 묘사로 채워져 있습니다. 배를 밀어보는 경험은 배를 타는 행위보다 매우 드문 경험입니다. '희번덕이는 잔잔한 가을 바닷물 위에' 배를 밀며 '온 몸이 추락하지 않은 순간'까지 몸의 긴장감이 여실히 살아납니다. 그렇게 온 힘을 다해 배를 밀어내면서 화자는 배에서 손을 뗀 순간을 '환해진 손'이라고 표현합니다.

그러나 동시에 바다로 부드럽게 미끄러져 들어가는 배가 자신의 사랑이라는 것을 화자는 직감합니다. 배를 힘겹게 밀어낸 것에 비해 배는 너무도 부드럽게 떠밀려 나가는 것을 보고 화자는 사랑을 떠나보낸 후 느껴지는 슬픔과 착잡함을 비로소 보게 됩니다.

사랑을 떠나보내는 슬픔은 배를 밀어낸 손이 환해지듯이 공허함으로 들어찹니다. 물 위에 배가 지나간 자국은 '흉터'로 남고 이는 곧 '당신이 떠나고 남은 내 가슴 속의 상처'를 드러냅니다. 마지막 연에서 배를 미는 것은 사랑을 잊어보려는 의도적인 행위이지만 그 이후에 남은 감정은 의지만으로는 해결되지 않는다는 것을 보여줍니다.

그러니 어쩌겠습니까. 화자는 사랑을 떠나보낸 것이 아니라 끝내 보내지 못한 것이죠. '내 안으로 들어오는 배'는 사랑의 상처가 어쩔 수 없이 지속되고 있음을 말합니다. 사랑은 그렇게 우리 주변을 언제나 서성거립니다.

작고 하찮은 것들을 위한 변명
들어보았지만 아무도 설명하지 않는 세상 읽기

―――

사소하고 시시콜콜한 일들이 모여 삶을 이룹니다.

한 번쯤 들어보았지만, 그 가치를 제대로 이해하지 못했던 것들을 면밀하게 들여다보았습니다. 천 원짜리에도 사랑의 스토리는 실려 있고, 외나무다리 하나를 두고도 인연들이 교차합니다.

등잔 밑의 어둠은 무관심이 만드는지 모릅니다. 거창한 일들에 가려져 있는 일상의 촘촘한 의미들을 헤아려 봅니다.

천 원짜리 러브스토리

춘녀사추사비(春女思秋思悲).

이 말이 나온 것은 당신과 창경궁 뒷마당을 걷고 있을 때였습니다.

당신은 봄을 맞은 여인의 애틋함과 그리움을 말했습니다. 그리고 그것이 그 어떤 것보다 생동감이 있다고 말했죠. 잉어들이 춤을 추듯 원을 그리고 있는 연못의 벤치 뒤로 봄이 오고 있었습니다. 당신은 봄을 말했고, 저는 그 말을 '여자'라고 알아들었습니다. 모성에 대해, 영화와 문학이 활용하는 깊은 우물 속의 자궁의 상징성에 대해 저는 많은 것을 배웠죠.

저는 가을을 말했습니다.

하나의 빛깔을 새로운 빛깔로 바꾸는 것이 봄이라면, 하나의 빛깔에 다른 빛깔이 적절한 비율로 섞일 때가 가을입니다. 저는 가을을 생각하는 남자들은 슬픔을 느끼는 것이 아니라고 했죠. 가을은 저무는 것이 아니라 익어가는 것이며, 그 익어감이 모든 존재의 끝을 향해 가기 때문에 마음이 아프고 괴로운 것이라고 했지요. 가을에 대한 감각이 남자들의 생래적인 것이든, 삶의 과정에서 드러나는 것이든 여자는 처음을 보고 남자는 마지막을 보는 경향이 있습니다. 그래서일까요? 그 아쉬움 때문인지 여자는 마지막 사랑을 못 잊는다고 하고, 남자는 첫사랑을 못 잊는다고 하나 봅니다. 당신의 언어와 저의 언어가 계절의 끝과 끝을 팽팽히 당기고 있을 때, 봄의 하오는 매화 꽃잎 속으로 스며들고 있었습니다.

매화는 봄을 대표하는 꽃입니다.

특히 홍매화의 요염함은 빛깔에서 나옵니다. 오래 보고 있으면 어느새 눈동자마저 물들일 것 같은 그 홀림에는 넘치는 여백이 가득합니다. 당신은 매화 잎이 떨어지는 것은 낙화(落花)가 아니라고 했었죠. 낙화는 존재가 삶의 마지막을 향해 가면서 서러움을 떨쳐 내는 행위라고 했습니다. 그래서 지치지 않는다고 했죠.

서러움은 어쩌면 존재의 마지막 감정일지 모릅니다. 그 서러움마저 떨쳐 내면 모든 감정은 폐기되고 소멸만이 남을 것입니다. 매화는 절정에 있을 때 스스로 떨어지기 때문에 서럽지 않고 오히려 더욱 요염하다고 했죠. 가장 찬란할 때 생멸하는 그 자존감에 당신은 마음이 쓰인다고 했습니다. '마음이 쓰인다'는 말을 아무렇지 않게 말하는 선연한 당신의 입술이 지금도 기억에 선명합니다.

그날 우리는 창경궁에서 매화를 본 게 아니었습니다.

피어있는 꽃잎과 곧 떨어질 꽃잎을 보며 다가온 봄과 곧 멀어질 봄의 끝자락을 봤을지도 모릅니다. 그 시간을 빌려 여자와 남자를 본 것인지도 모릅니다. 정작 매화는 다른 데서 봤지요. 자판기 앞에서 음료를 마시려고 지갑에서 꺼낸 천 원 지폐에서 매화를 봤습니다.

화폐 도안에 그려진 매화 이십여 송이. 저는 매화와 퇴계의 이야기를 했었지요. 정확히 말하면 퇴계의 사랑을, 퇴계와 한 여인과의 사랑을 말했지요. 그들의 사랑은 매화가 없이는 불가능했습니다. 그때 마저 하지 못했던 이야기를 하려고 합니다.

퇴계 이황의 특별한 매화 사랑

조선 성리학을 이끈 사람으로 꼽히는 퇴계 이황의 삶에서 매화를 떠올린다는 게 좀 낯설 수도 있습니다. 그러나 퇴계(1501~1570)는 편집증에 가까울 만큼 매화를 아꼈습니다. 노년에 건강이 나빠져 선생은 뜰에서 산책을 못할 정도가 되었지요. 그 상황에도 선생은 매화를 가까이할 궁리를 했다고 합니다. 방법은 의외로 간단했습니다. 매화가 핀 나뭇가지 하나를 꺾어다 책상 위에 올려놓았습니다.

당대 최고의 유학자였던 선생은 매화의 향이 조급히 달아날까 싶어 꽃을 마음 놓고 바라보지도 못했습니다. 암향(暗香)으로도 부르는 매화 향은 깊은 어둠 속에서 더욱 환하게 향을 펼친다고 합니다. 환갑이 되어서야 완공한 도산서당의 어느 한 곳, 도산매원(陶山梅園)의 매화 가지 꽃잎은 그렇게 선생의 옆에서 봄을 보듬고 있었습니다.

천 원 지폐 앞면에는 퇴계의 초상화와 매화 송이가 그려져 있습니다. 지폐에 피어있는 스무 송이쯤 되는 매화는 어디에서 온 것일까요? 충청북도 단양에서 경상북도 안동으로 옮겨 온 건 아닐까 상상해봅니다. 퇴계가 단양에서 이루지 못한 사랑을 안동 도산서원으로 가져와 매화꽃으로 결실을 본 게 아닐지. 지폐에는 퇴계의 사랑이 얼마나 고귀한지 알려주는 또 한 편의 이야기가 봄날 꽃처럼 피어있습니다. 퇴계와 한 여인의 사랑이 매화를 매개로 피어있던 16세기 조선으로 시간을 돌려봅니다.

청매화 같은 여인, 퇴계에게 매혹되다

선생이 충북 단양군수로 부임했을 때가 마흔여덟이 되는 해였습니다. 인연을 맺은 관기 두향(杜香)과의 인연은 단양의 문화제가 될 만큼 이 지역에선 유명합니다. 소백산 자락인 단양군 단성면에서 태어난 두향은 조실부모합니다. 단양의 퇴기 출신인 수양어머니의 눈에 들어 보살핌을 받던 두향은 열세 살에 기적(妓籍 ; 기생 명부)에 이름을 올리게 됩니다. 매화를 아꼈던 수양어머니의 영향으로 두향은 어릴 때부터 매화에 깊은 애정을 느끼고 있었습니다. 그녀의 이름 역시 나무의 향기를 가까이했던 어머니의 영향이 아니었을까요. 두향의 어머니는 죽기 전에 화분 속에 매화 한 그루를 심어 두향에게 물려줍니다.

해마다 아름답게 꽃을 피우는 한 그루의 분매(盆梅)를 애지중

지하던 그녀는 단양군수로 부임한 퇴계가 어떤 인품을 지닌 사람인지 수소문했습니다. 관청에 소속돼 있던 기생인 관기가 신임 군수가 어떤 사람인지 궁금해 한 건 당연한 일이었을지 모릅니다. 퇴계가 뜰에 핀 매화를 보고 시를 쓸 정도로 매화를 아낀다는 걸 알고, 두향은 퇴계에게 호감을 갖게 됩니다. 심지어 퇴계가 쓴 시를 외울 정도로 정서적으로도 교감합니다. 두향은 관기의 신분으로 퇴계를 가까이할 기회를 얻으면서 청렴결백한 그의 인품에 감화됩니다.

귀한 청매(靑梅) 한 그루를 얻게 된 두향이 퇴계에게 말을 건넵니다.

"매화는 고상하고 아담해 속된 기운이 없습니다. 아시다시피 추울 때 더욱 아름다운 자태와 향기를 발하는 것은 가히 아치고절(雅致高節)이라 할 수 있을 것입니다. 어둠 속에 드리우는 암향은 어떤 꽃도 좇을 수 없는 일급의 격조가 아니겠습니까? 뼈대는 가늘지만 정신은 맑고, 찬바람과 눈보라에 시달리면서도 자태를 흐트리지 않는 자세는 선비의 정신과 같은 것이라고 생각합니다. 이 매화를 곁에 두시고 몸과 마음의 안정을 지키시면서 단양고을을 잘 다스려 주실 것을 외람되지만 부탁드립니다."

시화와 풍류에 능한 관기로 이름을 알리던 두향은 퇴계를 만나면서 인생의 전환점을 맞이합니다. 헌신적으로 선생을 보살피던 그녀는 풍기군수로 전근한 선생을 차마 잊지 못합니다. 정신의 절대적 지주였으며 흠모의 대상이었던 퇴계가 떠난 후 두향은 더 이상 시정잡배들과 어울릴 수 없었을 겁니다. '퇴계를 흠모하는 몸으로 관기 생활을 계속할 수는 없는 일'이라며 그녀는 퇴적계(退籍屆)를 내고 기적에서 이름을 없애달라고 간청합니다. 여러 노력 끝에 신임 관리의 허락을 얻어 관기라는 천민 신분에서 평민으로 면천된 그녀는 퇴계를 생각하며 남은 세월을 수절하며 지냅니다.

이별한 지 몇 해가 지난 봄날, 두향이 문안을 여쭈러 보낸 인편에 퇴계는 두향을 위로하는 시 한 편을 써 보냅니다. '거문고의 줄이 끊어졌다고 한탄하지 말라'는 퇴계의 한마디는 단양에 남아 있던 두향에게는 생명과 같은 가르침이자 정인(情人)에 대한 당부처럼 들렸을 것입니다. 퇴계의 나이 52세가 되는 1552년 봄날의 일입니다.

> 누렇게 바랜 옛 책 속에서 성현을 대하며
> 비어 있는 방안에 초연히 앉았노라
> 매화 핀 창가에서 봄소식을 다시 보니
> 거문고 마주 앉아 줄 끊겼다 한탄을 말라

퇴계의 유언 '저 매화에 물을 주라'

퇴계의 시 한 편은 그녀의 마음을 뒤흔들어 놓습니다. 관기 신분으로 시작한 한 남성과의 사랑은 헤어짐을 전제로 한 것입니다. 처음부터 어긋날 수밖에 없는 것이었죠. 감정을 꺼내놓지도 못하는 여인과 그 감정을 깊이 이해하면서도 받아들일 수 없는 남성의 사랑이 매화로 찾아든 것은 자연스러운 일일지도 모릅니다. 어둠 속에서 향을 더하는 암향의 매화 이파리 속에서 그들의 묵시적인 사랑은 자리 잡지 않았을까요.

퇴계의 시는 두향이 속세와 거리를 두며 살 것을 결심하는 계기가 되었을 것입니다. 그녀가 남은 삶을 보내기로 정한 곳은 '강선대'입니다. 경치가 아름다워 신선이 내려온다는 전설을 간직한 곳으로 단양군 적성면에 있습니다. 강선대가 내려다보이는 산마루에 초막을 짓고 그녀는 남은 삶을 수절하며 지냅니다. 선생이 안동에서 타계했다는 소식을 듣고 그녀는 마지막 초혼가를 거문고로 연주합니다. 그리고는 얼마 지나지 않아 못다 한 사랑의 안타까움을 삭이며 그녀 또한 마지막 숨을 거둡니다. 막 피기 시작한 매화의 향이 절정에 달할 무렵의 나이였습니다. 절정기에 스스로 이파리를 떨구는 매화처럼 그녀의 유언은 간결했지만 간절했습니다.

"내가 죽거든 강선대에 묻어주세요. 선생을 모시고 자주 시문을 논하던 곳입니다." 그녀의 나이 26세 때 일입니다.

강선대는 1985년 단양이 충주댐 공사로 수몰될 때 함께 물에

잠겼던 곳입니다. 이후 댐의 수위가 최저 수준으로 떨어진 어느 해, 바위 하나가 수면 위로 공개됩니다. 이 바위에는 1548년 선생이 단양군수로 부임하던 첫해에 구담봉의 장관을 보고 쓴 시가 새겨져 있었습니다.

두향의 무덤은 충주댐을 세우면서 강선대 위쪽으로 이장했습니다. 그녀의 무덤 주위에는 시가 두 편 새겨져 있습니다. 오른편에 있는 퇴계의 시는 다음과 같습니다.

> 푸른 물은 단양과 경계를 이루는데,
> 청풍에는 명월루가 있다 하네,
> 만나려던 신선은 기다려 주지 않아,
> 실망 속에 외로이 배만 타고 돌아오네.

왼편에 적힌 시문은 월암(月巖) 이광려(1720~1783)가 쓴 것으로, 두향의 죽음을 안타까워하는 내용으로 가득합니다.

> 외로운 무덤 하나 국도변에 있는데,
> 거치른 모래밭엔 꽃도 피었네.
> 두향의 이름이 사라질 때면,
> 강선대 바윗돌도 사라지리라.

퇴계가 단양을 떠날 때 그의 봇짐에 두향이 건네준 선물 두 개가 들어있었습니다. 남한강물이 만들어 낸 수석과 매화 화분 한 개였죠. 퇴계가 이 선물을 물리지 않은 것은 비록 몸은 두향을 떠나지만 마음은 가져가겠다는 의미가 아니었을까요. 1570년 퇴계가 69세의 나이로 세상을 떠나던 날을 기억하는 제자들은 임종의 순간을 이렇게 전합니다.

"초여드렛날 아침, 선생은 일어나자마자 제자들에게 매화에 물을 주라고 하셨다. 오후가 되면서 맑은 날이 갑자기 흐려지더니 눈이 내리기 시작했다. 가족들과 제자들이 일으켜 앉히자 선생은 앉은 채로 숨을 거두었다. 그러자 곧 구름이 걷히고 눈도 그치기 시작했다."

임종의 순간에도 매화 걱정을 그치지 않은 퇴계의 마음이 향한 곳은 도산서당의 실제 매화일 수도 있겠지만 두향이 보낸 청매의 꽃잎 하나가 아니었을까요. 퇴계가 60세가 되어서야 완성한 도산매원(陶山梅園)의 보금자리에 청매의 꽃잎은 해마다 꽃잎이 만개했을 겁니다. 천 원 지폐의 스무 송이 매화는 퇴계와 두향의 사랑이 세월을 거슬러 되살아난 게 아닐까요.

불가능하다고? 아니, 사랑은 모든 걸 이겨내지!

1921년에 노벨문학상을 받았던 아나톨 프랑스(Anatole France, 1844년~1924년)는 "고전(古典)이란 누구나 인정하는 훌륭한 책이다. 그러나 아무도 읽지 않는 책이다"라고 말한 바 있습니다. 고전으로 불리는 책들의 이름은 들어보았지만, 실제로 읽어보고 제대로 이해한 사람은 그만큼 없다는 뜻이겠지요.

고전은 분명히 옛날의 저작들입니다. 흔히들 옛날 것은 모두 낡고 진부하다고 생각하는 경향이 있습니다. 편견이고 선입견입니다. 옛날에 쓰였던 책들 중에서 '살아남은' 책들이기 때문입니다. 몇 세대가 바뀌면서 각 세대는 그 책들에게 물었을 겁니다. '지금 세대가 당면한 문제의식에 대해 과연 이 책은 어떤 답을 줄 수 있는가'라고 말입니다.

고전은 새로운 세대의 문제 제기에 답을 해온 책들입니다. 그러니 시대가 바뀌고 세상이 변해도 그 책들은 나름의 의미를 갖고 있습니다. 어쩌면 지금 세대의 아이디어보다 더 깊고 유연한 해결책을 제시하고 있는지도 모릅니다. '고전에서 해답을 찾으라'는 뻔한 소리가 아닙니다. 지혜와 슬기로움은 오래된 것일수록 깊어지는 겁니다.

그렇다 하더라도 옛것에 대한 탐색이 무슨 고상한 취미라고 생색낼 일은 아닙니다. 다만 선입견은 없어야 할 듯싶습니다. 학교에서 어렵게만 배웠던 고전의 고색창연함이 사람들에게 막연한 거리감을 느끼게 한 것도 사실이지요. 지금 안 쓰는 어려운 말들을 쓰고 시대와 맞지 않는 유교적 교리를 드러내는 내용들이 많은 것도 고전을 멀리한 이유일 것입니다. 그런데 그 속내를 들여다보면 딱히 그렇지도 않습니다. 학교 다니면서 무거운 마음으로 치르던 고전문학시험은 이제 끝이 났으니 좀 편하게 접해보는 것도 괜찮은 일이 아닐까요.

사랑을 고백하는 신선한 발상

> 눈부신 햇살이 밤하늘에 뜨면 / 그때는 우리 둘 이별해도 돼요 / 저 모든 별이 사라지면 잊을 수 있겠죠 // 내 눈물이 모여 바다가 되는 날 / 그때는 내 마음 변할 수도 있죠 / 한 여름날에 눈이 오면 보내줄 수 있죠
>
> _ M.C. the MAX, 〈사랑은 아프려고 하는 거죠〉 가사 일부

대중가요의 가사입니다. 사랑의 절실함을 표현하는 방식을 볼까요. 우선 불가능한 상황을 가정합니다. 햇살은 밤하늘에 뜰 수

없습니다. 눈물이 모여도 바다가 될 수는 없지요. 그리고 그 상황이 이루어지면 헤어질 수도 있다고 말합니다. 반어적인 어법입니다. 속마음과 다른 말을 하고 있습니다. 가사의 뒷부분은 불가능한 상황을 극대화합니다. 한여름에 눈이 올 수는 없습니다. 그런데 그런 일들이 이루어지면 이별하자고 합니다.

불가능한 상황이 이루어질 수는 절대 없을 테니 그런 일이 이루어진다면 헤어지자고 연인에게 말을 건넵니다. 이 고백은 사실은 죽을 때까지 헤어질 수 없다는 것을 표현한 것입니다. 이런 방식의 말투가 비단 현대의 대중가요 노랫말에만 있을까요. 아닙니다. 이 상상력의 원전은 천 년 가까운 시간을 거슬러 올라갑니다.

불가능에 대한 상상력은 우리 문학 곳곳에서 빛납니다. 멀게는 한시에서부터 고려가요, 조선 시대의 시조, 민요에 등장하고 가깝게는 지금의 노랫말에 심심치 않게 나타납니다. 이런 발상이 매력적인 이유는 내용의 절실함이 어느 시대의 독자들에게도 고스란히 전달되기 때문입니다. 헤어지자고 하는데 조건을 달고 있죠. 그 조건은 절대로 이루어질 수 없는 것이고요. 이런 고백을 받는 연인은 헛웃음만 나겠지만 실로 유쾌한 이별 약속입니다. 발상은 신선하고 고백은 진실합니다. 낡고 오래되었을지는 모르지만, 우리 민족이 구사했던 언어적 특징은 탁월합니다. 긴장감 있고 진정성 있는 선조들의 사랑을 엿볼 수 있는 몇 작품을 보겠습니다.

불가능한 상황을 가정

님아 님아 우리 님아 / 이제 가면 언제 올지
병풍에 그린 닭이 / 꼭교 울면 다시 올래
옹솥에 삶은 밤이 / 싹이 나면 다시 올래
고목나무 새싹 돋아 / 꽃이 피면 다시 올래

님아 님아 우리 님아 / 병자년 보리 흉년에
장내 장아리 웃장 당그며 / 잔 엿가래 굵은 엿가래
사다 주던 우리 님아 / 어데 가서 올 줄도 모르는고
용 가는 데 구름 가고 / 비 가는 데 바람 가고
님 가는 데 나는 가오

_ 작자 미상, 〈이별요(離別謠)〉

이 민요는 떠난 임에 대한 간절한 그리움을 노래합니다. 언어가 쉽고 투명합니다. 일상에서 쉽게 접할 수 있는 소재들이 등장합니다. 독자와의 거리감을 좁히고 진실함을 전달하기 위해 몇 가지 언어적 전략을 사용합니다. '님'이라는 구체적인 청자를 설정해 말을 건네면서 시상을 집약시킵니다. '웃장(간장)'을 담그는 사람은 아무래도 여성일 테니 '엿가래(엿가락)'를 사다주던 '님'은 남성이 됩니다.

여성이 쓴 것으로 짐작되는 이 시에서 다정하기만 하던 서방님

이 떠나는 상황을 여성은 곧이곧대로 받아들일 수 없습니다. '병풍에 그린 닭'은 진짜 닭이 아니니 '꼭교' 하고 울 수 없습니다. '옹솥에 삶은 밤'에서 '싹이 날'리는 만무합니다. '고목나무 새싹 돋아 / 꽃이 피면 다시 올래'라고 가슴을 치며 울부짖는 어느 여인의 모습이 선명히 눈에 보이는 듯합니다.

  다시는 돌아올 수 없는 곳으로 떠난 '님'은 과연 돌아왔을까요? 아마 그렇지 못했을 것입니다. 죽음은 인간이 극복할 수 없는 것이지요. 다만, 사랑하는 사람이 떠난 곳으로 자신도 따라가겠다고 말하는 여인의 모습은 그들의 사랑이 얼마나 깊었는지를 알게 해줄 뿐입니다.

  한 가지 더 언급하면 '님아 님아 우리 님아'라는 리듬과 음보는 우리 문학의 전통적인 율격입니다. 흔히 4음보라고 부르는 민요나 시조, 가사에서 두루 활용했던 리듬의 운용 방식입니다. 특히 눈에 띄는 점은 '님아'가 세 번 반복된다는 점입니다. 이런 반복적 리듬을 일반화하면 'a-a-b-a' 형태가 만들어집니다. 어디서 많이 들어본 패턴이 아닌가요? 지금 노랫말에서 이 형태를 한번 찾아보겠습니다. '솔아 솔아 푸르른 솔아'(노찾사, 〈광야〉), 'Tell Me Tell Me TeTeTeTe Tell Me'(원더걸스, 〈Tell Me〉) 등 여러 가요에서 활용되고 있습니다. 불가능한 상황을 가정하여 사랑의 영원함을 호소하는 고전문학의 상상력을 내용만 차용하는 것이 아니라 형식도 빌려 쓰고 있는 있다는 점을 확인할 수 있습니다.

역설 속의 간절함이란

사각사각 가는 모래 벼랑에 / 구운 밤 닷 되를 심으오이다.
그 밤이 움이 돋아 싹이 나야만 / 유덕(有德)하신 님과 헤어지고 싶습니다

옥으로 연꽃을 새기옵니다 / 바위 위에 접을 붙이옵니다
그 꽃이 세 묶음 피어야만 / 유덕하신 님과 헤어지고 싶습니다

무쇠로 털릭을 마름질해 / 철사로 주름 박습니다
그 옷이 다 헐어야만 / 유덕하신 님과 헤어지고 싶습니다

무쇠로 황소를 만들어다가 / 쇠나무산에 놓습니다
그 소가 쇠풀을 먹어야 / 유덕하신 님과 헤어지고 싶습니다.

구슬이 바위에 떨어진들 / 끈이야 끊어지겠습니까
천 년을 외따로이 살아간들 / 믿음이야 끊어지겠습니까

_ 작자 미상의 고려가요, 〈정석가(鄭石歌)〉

독특한 상상력으로 영원한 사랑을 다짐하는 고려가요를 대표하는 작품입니다. 절대자에게 자기의 뜻을 아뢰고, 그것을 성취시켜 주기를 바라는 축원을 역설적 표현에 담았습니다. 동시에 시로

서는 드물게 내용 전개가 논리적이고 지적이기도 합니다.

불가능한 상황을 제시하고 그것이 이루어지면 이별하겠다는 내용을 소개하기 위해 1연은 생략하고 많은 부분을 현대어로 바꾸어 원작을 소개합니다. 작품 전체의 얼개는 이러합니다. 서사에서는 태평성대를 축원합니다. 2연부터 5연까지에는 이 작품의 표현적 특징이 두드러지게 나타납니다. 소재만 다를 뿐, 불가능한 것을 가능한 것으로 설정해 두고 영원한 사랑을 기원합니다. 2연에는 '구은 밤', 3연은 '옥에 새긴 연꽃', 4연은 '무쇠로 만든 옷', 5연은 '무쇠로 만든 소'라는 소재가 등장합니다.

이것들은 '움이 트고', '싹이 나고', '닳아 없어지거나', '쇳덩이가 풀을 뜯어 먹는' 등 불가능한 사실에 대한 전제 조건으로 제시됩니다. 그리고 이런 일들이 이루어진다면 '유덕하신 님과 이별하고 싶'다고 반어적으로 말하고 있습니다. 결국 이 노래는 임과 영원히 헤어질 수 없다는 소망을 강조하는 내용으로 이루어져 있습니다.

2연에서 5연까지 등장한 소재 가운데 '구운 밤'과 '소'는 농경 국가에서 흔히 볼 수 있는 생활 소재입니다. '연꽃'은 불교 국가였던 고려시대 민중들의 마음 깊이 깔려 있던 소재입니다. '텰릭(쇠로 된 옷)'은 이 노래의 지은이가 적어도 '텰릭'을 입을 수 있었던 신분임을 알려 줍니다. 한편, 6연에는 고려가요의 다른 작품인

〈서경별곡〉의 2연이 포함되어 있습니다. 고려가요가 구전되었다는 점을 생각하면, 이 표현은 당시에 상당히 유행하던 구절이라는 것을 알려주기도 합니다.

불가능에 관한 고전시가의 상상력

이런 상상력은 한시와 시조에도 이어집니다. 남녀 사이의 사랑뿐 아니라 부모님의 장수를 간절하게 드러낸 작품에도 이러한 발상과 표현이 나타납니다. 고려의 귀족인 문충(文忠)이 지었다는 〈오관산요(五冠山謠)〉가 대표적입니다. 지은이는 오관산(五冠山) 아래에서 어머니를 모시고 살았습니다. 그는 벼슬살이를 하느라 아침 일찍 나갔다가 저물어서야 돌아오곤 했습니다. 그 와중에도 어머니를 지극히 보살폈다고 합니다. 어머니가 늙어 가는 것을 안타까워하던 작가는 이 노래를 지어 어머니께 바칩니다. 고려 문인 이제현이 그의 저서 〈익재난고(益齋亂藁)〉에 이 노랫말을 한문으로 번역해 소개하고 있습니다. 내용 중 일부를 잠깐 보겠습니다.

> 나무 도막으로 당닭(당나무로 만든 닭)을 깎아
> 젓가락으로 집어 벽에 앉히고
> 이 새가 '꼬끼요'하고 때를 알리면
> 어머님 얼굴은 비로소 서쪽으로 기우는 해처럼 늙으시리라.

나무를 깎아 닭의 모양을 만들더라도 진짜 닭이 될 수는 없습니다. 생명체가 아닌 이상 소리는커녕 울음소리를 내는 것은 불가능합니다. 나무로 된 닭이 때를 알아차리고 스스로 울기 시작하는 것은 더더욱 불가능합니다.

그런 상황이 가능해진다면 '어머님 얼굴은 늙으실' 것이라고 말하는 데서 지은이의 주제 의식은 명확하게 드러납니다. 부모님의 무병장수를 기원하는 것이죠. 특히 '비로소 서쪽으로 기우는 해처럼'이라는 자연현상을 비유의 대상으로 끌어들임으로써 어머님의 건강을 매일 매일 바라던 화자의 간절한 효심이 더욱 설득력 있게 다가옵니다.

창을 내고 싶구나, 창을 내고 싶구나. 이 내 가슴에 창을 내고 싶구나.
고모장지, 세살장지, 들장지, 열장지, 암돌쩌귀, 수돌쩌귀, 배목걸새를 큰 장도리로 뚝딱 박아서 나의 가슴에 창을 내고 싶구나.
이따금 너무 답답할 때면 그 창문을 여단아 볼까 하노라.

_ 작자미상의 사설시조

이 작품은 조선 후기 평민 문학을 대표하는 사설시조 가운데 한 편입니다. 무엇보다 이성적으로 생각할 때는 상상조차 안 되는 기발한 발상이 눈길을 끕니다. 가슴에 창문을 낸다는 생각은 이 시조를 지어 불렀던 사람의 심정이 얼마나 답답했는지에 공감이 가게 합니다. 추상적인 마음의 답답함을 구체적인 창에 빗대고 있는 것이죠. 표현이 절실하고 사설시조의 특징인 해학을 놓치지 않고 있습니다.

중장에서는 초장의 다급한 상황에 대하여 사설을 늘어놓음으로써 세상살이의 고달픔이나 근심에서 오는 답답한 심정을 가슴에 창문이라도 만들어서 해소하고 싶다고 하소연합니다. 불가능한 상황을 가정하고 삶의 답답함을 이겨내 보려는 사람들의 심정을 표현하는 데에 굳이 현대와 옛날의 구분이 필요하지 않을 것입니다.

마지막으로 고전소설 〈춘향전〉의 일부 내용을 옮겨봅니다. 설명이 필요 없을 정도로 절실하고 애틋합니다. 이 부분에서도 불가능한 상황을 자신의 마음을 표현하는 데에 어떻게 활용하고 있는지 살펴볼 수 있습니다. 시뿐만 아니라 소설에서도 이런 표현들이 폭넓게 쓰이고 있었다는 것을 알게 해 줍니다.

> 도련님 이제 가면 언제 오려 하오. 태산중악 만장봉이 모진 광풍에 쓰러지거든 오려 하오. 십리 사장 가는 모래가 정 맞거든 오려하오. 금강산 상상봉에 물 밀어 배 띄어 평지 되거든 오려 하오. 기암절벽 천층석이 눈비 맞아 썩어지거든 오려 하오. 용마 갈기 사이에 뿔 나거든 오려 하오. 층암상에 묵은 팥 심어 싹 나거든 오려 하오. 병풍에 그린 황계 두 나래 둥둥 치며 사경 일점에 날 새라고 꼬끼오 울거든 오려 하오.

> 도련님 이제 가면 언제나 오리시오. 절로 죽은 고목의 꽃 되거든 오시려요. 벽에 그린 황계 짧은 목 길게 늘려 두 날개 탕탕 치고 꼿끼요 울거든 오시려요. 금강산 상상봉의 물에 배 둥둥 뜨거든 오려시오.
>
> _〈경판본 춘향전〉 중 일부

상상력의 원천은 고전에서 나오는 경우가 많습니다. 하늘의 해는 언제나 하나입니다. 해를 보는 위치와 시기에 따라 해의 모양이 달라 보일 뿐입니다. 문학적 상상력 또한 들여다보면 현대적 변용이 있을 뿐입니다. 그런 의미에서 하늘 아래 새로운 것은 없다는 말은 타당합니다. 고전에 현대적인 감각을 더할 때 세련된 분위기를 만들어 내는 것이죠.

모든 고전이 어렵고 재미없는 것은 아닙니다. 호기심이 먼저 가는 것은 역시 사랑입니다. 남녀 간의 사랑뿐 아니라 부모와 자식 간의 사랑도 호소력 있게 읽힙니다. 이런 주제들은 흔하디흔한 것이지만 우리 민족이 몇천 년 동안 간직하고 있던 유니크한 상상력에 녹아 있다면 좀 다르게 보이지 않을까요. 불가능한 상황을 가정하고 그것이 이루어진다면 어떤 소망을 빌지 한번 생각해보시길….

동화책에서 읽는 신화, 전설, 민담

부모들은 자신의 아이가 반듯하고 착하게 자라기를 바랍니다. 어렸을 때부터 많은 책을 선물하고 잠자리에 들기 전에 책을 읽어주는 것도 그런 이유이겠지요. 글도 아직 깨치지 못한 상태인데도 좋은 이야기책이라고 하면 한 권씩 사서 집에 들어가곤 하니까요.

그런데 아이들이 반듯하게 자라기를 바라는 부모들은 다른 것들을 제쳐두고 왜 하필이면 책을 사서 읽어줄까요? 책에는 아이를 올바르게 이끌 만한 요소가 있다는 사실을 암묵적으로 인정한다는 의미일 겁니다. 아이들이 읽는 이야기책은 어른들이 읽는 소설과 구분해 동화책이라고 부릅니다. 특히 옛날이야기가 있는 동화책을 많이 읽히죠. 그렇다면 옛날이야기에는 어떤 것이 들어있기에 아이들이 읽어야 하는 것일까요?

옛이야기가 지닌 계몽의 힘

부르노 베텔하임(Bruno Bettelheim, 1903~1990)이 쓴 《옛이야기의 매력》에는 이와 관련한 몇 가지 흥미로운 언급이 눈에 띕니다. 인간들은 공격적이고 이기적이며 화를 잘 내는 성향이 있다는 전제 아래 베텔하임은 다음과 같은 주장을 폅니다. 부모들은 세상의 많은 악의 근원이 바로 우리들 인간 자신에게 있다는 사실을 아이들에게 숨기기를 원한다는 거지요. 그 누구보다도 인간들이 선하지 않다는 것을 알고 있는 부모들은 설령 진실이 그렇다 할지라도 그들의 아이들에게는 절대로 그런 사실을 발설하지 않으려 합니다.

대신에 부모들은 아이들에게 거짓말을 합니다. 모든 사람들은 착하기만 하다고 가르치죠. 베텔하임의 주장은 여기서 독자들의 눈을 사로잡습니다. 그는 불행하게도 그 사실을 어린이들이 이미 다 알고 있다고 말합니다. 어린이들은 자신이 항상 착하지 않다는 사실을 알고 있으며, 또 비록 착한 행동을 하더라도 마음속은 그렇지 않은 경우도 많다는 것까지 알고 있다고 합니다. 이런 점은 부모가 가르쳐 준 것과는 모순이 되며, 그 결과 어린이는 자신을 괴물처럼 느낄 수도 있다는 거지요.

그렇다면 어른들은 왜 이야기책을 읽어주면서 아이들에게 도덕적 교훈을 강조할까요? 베텔하임은 이렇게 답합니다. 그건 바로 이야기가 가지는 계몽성에 어른들이 이끌리기 때문이라는 겁니다. 옛이야기의 계몽성은 악에 대한 직접적인 훈계에서 일어나는 것이 아니라고 말합니다. 달리 말하면 옛이야기는 특유의 형상화를 통해 악이 우리 마음에서 비롯되고 있다는 사실을 은연중에 드러낸다고 합니다. 그런 악이 실패에 그치는 이야기를 어린이들에게 들려주면서 올바른 길로 이끌 수 있다는 거지요.

직접적인 훈계는 올바르지 않은 현실을 직접적으로 드러낼 수밖에 없지만 이야기를 통하면 우회적으로 계몽의 목적을 이룰 수 있습니다. 현실의 부모는 악할 수 있는 어른이지만, 부모가 등장하지 않는 이야기를 통해 아이들을 계몽하는 수단으로 옛이야기를 활용하는 거죠.

서사적 구성을 통해 이야기로 표현되는 현실은 어두운 면을 감춘 채 은근히 드러냅니다. 설령 세계가 악하고 올바르지 않다고 하더라도 언젠가는 착한 사람들이 잘사는 이야기를 아이들이 접하면서 자신도 착하게 살아야 한다는 계몽성에 자연스럽게 노출됩니다.

어린이들이 읽는 옛이야기 속에는 선함이 악함을 언제나 물리칠 수 있다는 사실이 흥미롭게 들어있습니다. 어른들의 직접적인 잔소리보다 흥미로운 옛이야기는 훨씬 재미있고 영향력이 큽니다. 이런 점이 어린이가 '선함'이라는 윤리적인 길을 걷게 한다고 분석합니다.

개성적이고 강력한 '빌런'의 효과

선과 악이 대립하는 이야기가 매력적으로 구성되기 위해서는 선이 갖고 있는 절대성도 중요하지만 악의 역할도 매우 큽니다. 이야기를 구성하는 인물, 사건, 배경 중에서 갈등의 한 축인 악의 캐릭터가 어떻게 만들어지는지는 이야기 전체의 흥미와 긴장감을 끌어가는 핵심적인 부분이 되기 때문입니다. 할리우드의 영웅들을 다룬 영화에서도 소위 말하는 '빌런'이 어떤 캐릭터인가가 흥행에 절대적인 영향을 끼칩니다.

DC코믹스의 판권을 가진 워너브라더스 진영의 슈퍼히어로 영화인 〈저스티스 리그〉가 마블스튜디오가 만든 〈어벤져스〉 시리즈보다 흥행에서 저조한 이유도 결국은 빌런의 캐릭터 때문이 아니었을까요? 저스티스 리그의 라인업은 흠잡을 데가 없습니다. 슈퍼맨, 배트맨, 원더우먼 등은 영웅적 요소로만 본다면 거의 결점이 없습니다. 반면 〈어벤저스〉 시리즈의 영웅은 아이언맨, 스파이더맨 등 '강화 인간'이 주축입니다. 타노스라는 강력한 빌런이 등장하는 〈어벤저스〉의 이야기가 더욱 매력적이고 흥미진진합니다. 악의 역할이 서사에서는 그만큼 중요한 부분이 됩니다. 어린이들이 읽는 옛이야기 역시 악당, 즉 빌런의 비중이 중요할 수밖에 없습니다.

악에 대해 조금 더 이야기해 볼까요. 악에는 여러 매력적인 요소가 있는데요. 우선 옛이야기에서 악은 힘센 거인이나 용, 마녀의 힘, 〈백설공주〉에 등장하는 사악한 여왕 등으로 상징되며, 일시적이나마 인간보다 우월한 위치에 서는 경우가 많습니다. 그렇지만 악은 반드시 징계가 되고 패배하기 마련입니다. 이런 이야기를 들려주면 아이들은 자기 정화와 같은 심적 상태를 느낀다고 합니다.

악한이 벌을 받는 결말 부분에서 어린이가 직접적으로 도덕적 교훈을 얻는 것은 아닙니다. 현실에서나 옛이야기에서나 처벌에 대한 두려움은 어린이들의 악행을 제한적으로 억제할 뿐입니다. 다만 악행으로는 결코 승리할 수 없다는 확신을 어린이들에게 전달해 줌으로써 훨씬 더 효과적인 악행 억제 수단이 된다는 거지요.

결국 옛이야기는 악한 행위를 하는 인물이 아무리 흥미롭고 매력적이라고 하더라도 언젠가는 실패하게 마련이라는 사실을 반복해서 들려줌으로써 어린이들이 자연스럽게 악한 인물이 아닌 선한 인물로 살아가게 만든다는 겁니다. 이것이 어린이들뿐만 아니라 어른들에게도 강력한 계몽의 효과를 가져온다는 거지요. 이러한 분석은 특정 지역에서만 한정되지 않고, 보편성을 띤다는 점에서 전 세계 여러 이야기들에 적용될 수 있습니다.

그림(Grimm) 형제가 신화, 전설, 민담으로 체계화

창작문학에 상응하는 개념으로 흔히 '민중문학'이라는 용어를 씁니다. 이때 '민중'의 의미에는 창작 주체로서 민중, 표현 대상으로서 민속, 그리고 전승 방식으로서 민간전승의 뜻을 모두 담고 있다고 봐야 합니다.

이 분야에서 독보적인 두각을 나타낸 사람이 어린 시절에 대부분 읽었을 《그림 동화》[5]의 저자인 자콥 그림(Jacob Grimm)과 빌헬름 그림(Wilhelm Grimm) 형제입니다. 독일의 민간전승 이야기를 수록한 이 책은 학술적인 토대 위에서 채록된 신화이면서 전설이기도 하며 민담이기도 합니다. 별 구분 없이 전승되던 옛이야기인 설화를 우리가 알고 있는 신화, 전설, 민담으로 체계화한 것도 그림 형제입니다.

신화, 신성한 숭고함을 갖춘 이야기

신화는 초월적 능력을 지닌 신과 영웅들을 주인공으로 하는 신성한 이야기입니다. 대체로 신화에는 한 민족의 공동체적 유산이 남아있습니다. 우리의 대표적인 신화인 〈단군신화〉에 등장하는 여러 구성 요소를 들여다보면 한민족의 뿌리가 고스란히 실려 있다고 해도 과언이 아니지요. 환웅이 풍백(風伯), 우사(雨師), 운사(雲師)를 거느리고 강림했다는 것은 당시 우리 사회가 농경사회임을 환기시킵니다. 또한 환웅과 웅녀의 결합은 이주족과 선주족(先住族)의 결합으로 고조선이 건국되었음을 의미합니다. 곰과 호랑이 가운데 곰만이 인간으로 선택되었다는 것은 곰 숭배 부족이 호랑이 숭배 부족과의 경쟁에서 승리했음을 의미한다고 할 수 있죠. 이처럼 포괄적인 증거물을 통해 종교적 숭고함을 갖춘 것이 신화입니다.

---

5) 원제는 《어린이와 가정을 위한 이야기》

"하늘에서 나에게 이곳에 내려와 새로운 나라를 세워 임금이 되라고 명하셨기 때문에 내가 일부러 온 것이다. 너희들이 모름지기 봉우리 꼭대기의 흙을 파내면서 '거북아, 거북아, 네 목을 내밀어라. 만약 내밀지 않으면 구워 먹겠다'라고 노래 부르고 춤을 추면, 대왕을 맞이하여 기뻐 춤추게 되리라."

구간(九干)은 그 말대로 하면서 모두 기쁘게 노래하고 춤을 추었다. 얼마 후 하늘을 우러러보니 자줏빛 새끼줄이 하늘에서 내려와 땅에 닿았다. 줄 끝을 살펴보니 붉은색 보자기로 싼 금합(金盒)이 있었다. 그것을 열어 보니 해처럼 둥근 황금 알 여섯 개가 들어 있었다. 사람들은 모두 놀라고 기뻐서 허리를 굽혀 백 번 절하고, 얼마 후 다시 금합을 싸안고 아도간의 집으로 가져와 탑 위에 두고 제각기 흩어졌다.

_〈가락국 건국 신화〉일부

《삼국유사》에 실려 있는 가락국 건국 신화는 수로왕이 가락국을 건국하는 과정을 중심으로 한 이야기입니다. 가락국의 시조가 하늘에서 내려온 알에서 태어난다는 난생 신화의 한 유형을 보여줍니다. 다른 건국 신화에 비해 백성들이 신을 맞이하는 상황을 자세하게 보여주고 있고, 고대 가요인 〈구지가〉의 근원이 되는 부분이 수록되어 있는 것이 특징입니다.

줄거리를 간략히 소개하겠습니다. 구지봉에서 나는 이상한 소리를 듣고 구간 등 이삼백 명이 모입니다. 집단으로 〈구지가〉를 부르면 기쁜 일이 있을 것이라는 말을 듣고 노래를 불렀더니 하늘에서 붉은색 보자기로 싼 금합이 내려옵니다. 그 금합에는 여섯 개의 황금 알이 들어 있었고 그 알에서 여섯 아이가 태어납니다. 그중 가장 큰 알에서 나온 사람이 대가락의 임금으로 즉위하고, 이름을 수로라 했습니다. 임금은 임시로 도읍을 정하고 나라를 다스리다가 점차 제대로 된 국가의 모습을 갖추기 시작합니다.

전설, 구체적 증거물을 남기는 비극적 결말

전설은 '역사적'입니다. 이른바 '전설의 고향'이 될 수 있어야죠. 전설은 일반적으로 역사적인 사건이나 이와 연관된 특정 집단의 체험과 전통이 담겨 있습니다. 주인공은 비범한 인간이거나 악령일 경우가 많습니다. 구체적인 시간과 장소를 가진 전설은 진실한 이야기라는 점을 부각합니다. 결말 또한 운명론적인 가치관을 담고 있는 경우가 많지요. 1980년대 드라마 중 한여름을 서늘한 공포로 몰아넣었던 〈전설의 고향〉의 끝 부분 멘트는 전설의 특징을 잘 보여줍니다. 구미호 이야기로 사람들의 간담을 얼어붙게 한 뒤, '지금도 경상북도 ○○군에 가면 죽어 돌로 변한 사람의 모습을 한 바위가 남아있습니다'라고 끝을 맺었죠.

이처럼 전설은 구체적 증거물을 확보함으로써 이야기가 실제 있었던 일이라는 점을 강조합니다. 또한 비범한 인물의 좌절, 비극적 종말을 보여줍니다. 이를 통해 인간의 한계를 인식시키고 인간의 자만심을 경고함으로써 계몽적 특성을 은연중에 드러냅니다.

"당신, 가다가 뒤에서 아무런 소리가 나두 절대루 뒤를 돌아보면 안 된다." 부탁을 했는데, 이 여인이 가는데 갑자기 뇌성벽력을 하면서 그 벼락 치는 소리가 나니까, 깜짝 놀래서 뒤를 돌아봤단 말야. 그러니까 그 자리에서 그만 화석이 됐어. 그 사람이 그만 화석이 되구 말았다는 게야. 개두 그렇게 화석이 돼서 그 자리에 서 있다고 하는데, 그 지금두 그 불타산 아래서 얼마 내려오다가서 그 비속하니 거기 사람들은 이것이 며느리가 화석 된 게라고 하는 바위가 있는데, 역시 사람 모양 하고, 뭐 머리에 뭐 인 거 같은 거 하구, 그 아래 개 모양 겉은, 그런 화석이 아직도 있단 말야. 한데 그때 그이 벼락을 치면서 그 장재 첨지네 그 집이 전부 없어지면서 그만 거기에 몇백 길이 되는지 모르는 이제 큰 소(沼)가 됐단 말야. 한데 그 소가 어느 만침 넓으냐 하면, 여기 어린이 놀이터보담두 더 넓은데, 이거 고만 두 배쯤 되는 품인데 그 소에서 물이 얼마나 많이 나오는지, 물 나오는 소리가 쿵쿵쿵쿵쿵쿵 하면서 그 곁에 가면 이제 지반이 울린단 말야.

_ 전설 〈용소(龍沼)와 며느리바위〉 일부

이 이야기는 구두쇠 부자가 시주 승려에게 쇠똥을 주었다가 벌을 받는 내용의 전설을 구어체 그대로 채록한 것입니다. 일상에서 쓰는 입말 그대로 녹음한 것을 옮겨 적어 표준어가 아니거나 어법에 맞지 않는 표현이 보이기도 합니다. 전설이 민간에 구전되는 살아있는 이야기라는 증거이기도 합니다. '용소'라는 증거물이 남아있는 지명 설화의 하나입니다. 부자의 악행을 부끄럽게 생각하여 몰래 시주한 며느리가 도승이 제시한 금기를 어겨 바위가 되었다는 이야기가 함께 붙어 있습니다. 고전소설 〈옹고집전〉의 근원 설화로 볼 수 있는 이야기입니다.

줄거리는 대략 이렇습니다. 지금은 용소로 불리는 큰 연못 자리에 인색하기로 소문난 장재 첨지가 옛날에 살았습니다. 장재 첨지는 한 도승이 찾아와 시주를 청하자 쌀을 주기는커녕 되레 쇠똥을 퍼 줍니다. 이 모습을 본 며느리는 쌀 한 바가지를 시주합니다. 도승은 장재 첨지에게 벌을 내리기 전에 며느리에게 산으로 도망치면서 절대로 돌아보지 말라는 금기를 일러 주었습니다. 그러나 며느리는 도승이 말한 금기를 어기고 뒤를 돌아보게 되고 결국 바위가 됩니다. 장재 첨지의 집은 용이 살 수 있을 정도로 깊은 연못으로 변하게 됩니다.

민담, 보편적 증거물을 남기는 행복한 결말

민담은 전설과 달리 주인공이 행복한 결말을 맞이합니다. 인간과 세계와의 투쟁에서 인간이 승리하는 구도를 제시하죠. 미천한 인물의 성공담을 통해 인간의 가능성을 확장시키고 민중의 욕구와 희망을 대변해주죠.

민담은 민족의 범위를 초월해 전 세계로 전승됩니다. 신데렐라 이야기는 처음에는 유럽의 민담이었지만 지금은 어느 지역의 누구나 '신데렐라 콤플렉스'에 빠질 수 있습니다. 유럽인의 신분 상승 욕망이 아시아인들의 그것과 다를 바 없기 때문이죠. 이런 민담류의 이야기는 '옛날 옛적 호랑이 담배 피던 시절에…'와 같은 서술 구조를 가지게 됩니다. 민담은 구체적인 시간과 공간의 구분을 두지 않고 초월자의 도움으로 주인공이 성공하는 결말을 제시해 낙천적인 세계관을 재현해 냅니다.

> "눈 씰러 이렇게 돌아가니깐 도련님 그 공부하던 방에서 서루 그 귀신들찌리 얘길 허는데 그날 가두구서 풀어 주지 않으니까 이걸 잡아야 되겠다구 그래면서 그 돌뱀 만들어 놓구 그걸 먹음 죽게 이렇게 하자구. 그래서 내가 우정 그렇게 간 거라."
> 이놈이 가만히 생각해 보니깐 그 얘기 주머니 생각이 나더던.
> "아, 그래."
> 아, 그래선 참 자기 공부하던 방에 가 보니깐 대들보에다 얘기 주머니 세 개 이렇게 똘똘 말아선 이렇게 주머니 속에 가뜩가뜩 채워 논 게 매달려 있거든. 아, 그래 이놈의 얘기 주머니를 갖다가선 터쳐서 다 풀어 내보냈단 말야. 그때 헤쳐 내보냈는데 겨우 나는 그놈엣 걸 주워듣가 보니깐 그저 한 반 주머니밖에 못 가졌어요. 예, 이걸루 끝납니다.
>
> _ 민담 〈이야기 주머니〉 일부

채록된 이 민담은 '이야기꾼 오물음'으로 많이 알려져 있는 이야기로 《청구야담》에 실려 있습니다. 자수성가하여 큰 부자가 되었지만 인색하기로 유명한 어느 노인을 오물음이 재치 있는 이야기로 깨우쳐 주었다는 내용입니다.

〈이야기 주머니〉는 이야기의 본질이 무엇인지를 밝히는 일종의 메타 설화입니다. 이야기는 사람들 사이에서 계속해서 전해져야 합니다. 단순히 전해지는 것을 넘어 지역이나 상황이 반영되며 이야기 요소가 더해지고 재구성될 때 이야기의 생명력을 유지할 수 있습니다.

줄거리는 이렇습니다. 글공부하는 젊은 도련님이 이야기를 들으면 그것을 적어서 주머니에 넣어만 두고, 남에게 전하지 않았습니다. 주머니에 갇힌 이야기들은 사악한 귀신이 되어 자신들을 주머니에 가둔 도련님을 결혼 날에 죽이려고 계획을 세웁니다. 도련님의 하인이 그 계획을 엿듣고는 결혼을 위해 떠나는 도련님을 따라나서고, 귀신이 된 이야기들이 만들어 놓은 함정으로부터 도련님을 구합니다. 하인이 도련님에게 그간의 사정을 말해 주고, 도련님이 이야기 주머니를 풀어 주어 이야기를 자유롭게 만들어 주었습니다.

'해리포터, 반지의 제왕'의 모태

옛이야기는 전승되면서 다양하게 변이되고 다음 세대의 예술 창작에 마르지 않는 영감을 제공해 줍니다. 같은 이야기도 내륙에서 전승되면 바다와 관련된 구성 요소가 빠지고 다른 육지의 특징들이 이야기에 담깁니다. 바다와 인접한 지역에서는 반대의 현상들이 나타나는 건 당연한 일입니다.

　이러한 일들이 왜 비일비재하게 일어나는지 생각해 보자는 것이 저의 질문입니다. 옛이야기를 단순히 아이들이나 읽는 단순하고 유치한 픽션쯤으로 여길 일은 아니라는 거지요. 옛이야기는 어린이나 어른들의 환상과 꿈의 원천이고 고향이기 때문입니다.

　영국의 전업주부였던 한 여성이 북유럽의 신화를 바탕으로 온갖 환상적인 이야기를 펼쳤던 《해리포터 시리즈》는 동화나 우화가 아이들만의 것은 아니라는 것을 그대로 보여주었던 사례입니다. 컴퓨터 그래픽 기술이 돋보이는 영화로 잘 알려진 《반지의 제왕》은 그 문학적 모태가 어디에 있었을까요. 비단 서양의 이야기만은 아닙니다. 중국의 신화집인 《산해경》의 몇몇 캐릭터만 빌려와도 엄청남 괴수 이야기로 바뀔 것입니다. 우리나라에도 많은 설화와 이야기가 있습니다.

　이제 아이들에게 읽어주거나 선물해 주는 동화책의 제목을 한번 들여다보십시오. 그 속에 인류의 보편적인 꿈과 환상이 깃들어있을 테니까요.

봄의 이면에 가려진 상처와 죽음에 관하여

지난 주말 나들이는 확실히 불운했습니다. 오랜만에 인왕산 둘레길을 걸으며 활짝 핀 봄꽃들을 둘러볼 생각이었죠. 설렘과 기대는 오래가지 않았습니다. 인왕산에 불이 난 것입니다. 오랜 가뭄이 이어진 탓이었을까요. 불시에 일어난 산불로 산은 깊은 상처를 입고 말았습니다. 소방차의 다급한 사이렌 소리가 봄을 에워싸는 모습을 지켜볼 수밖에 없었습니다. 산행을 본격적으로 시작하기 전이었습니다. 지켜보는 사람들의 표정은 다양한 꽃들의 모습과는 달리 한결같았습니다. 당황스럽고 안타까울 뿐이었습니다. 조만간 덮쳐올 불길의 존재를 모르는 꽃과 나무들은 봄의 기운을 온몸으로 떠받들고 있었습니다.

진화 작업이 시작되는 것을 확인하고 인왕산 초입에서 발길을 돌렸습니다. 생동감 넘치는 봄의 햇살을 받아 환해진 부암동 길을 걸었습니다. 자하문 고개를 넘다가 〈윤동주문학관〉에 이르렀을 때가 점심시간 무렵이었죠. 화려하지는 않지만 정갈하게 꾸며져 있는 기념관을 나오니 오전과는 또 다른 모양새를 한 오후의 봄빛이 기념관을 둘러싸고 있었습니다. 산에서 느낀 아침 시간의 봄은 조금 분주해 보였습니다. 먼저 개화한 꽃잎 사이로 늦게 꽃망울을 터뜨리는 꽃 이파리들은 제자리를 잡느라 땀을 흘리는지 더 윤기나고 반짝입니다.

순간, 윤동주 시인(1917~1945)의 삶의 이력을 생각합니다. 흔히 말하듯 '꽃다운 나이'에 세상을 떠난 시인의 눈빛이 기념관의 사진에서 내려와 산자락을 처연하게 바라보는 것 같았죠. 시선을 돌려 기념관 건물을 한동안 쳐다보게 됩니다. 봄빛에 에워싸인 기념관이 상처 입고 넘어져 있는 초식동물처럼 보입니다.

윤동주 시인의 위로

봄은 생명이 약동하는 계절입니다. 틀림없는 사실이지요. 그러나 예민하고 섬세한 감성을 지닌 이들에게 봄은 그 너머의 진실이 보이는 계절일 수도 있습니다. 겨울을 이겨내고 다시 살아나는 대자연에도 소실되고 어긋나는 생명이 있습니다. 죽음이라는 숙명적 유한성을 갖고 태어나는 인간은 더 말할 필요도 없습니다. 활기찬 생명의 이면에는 상처받고 고통스러워하는 존재들도 있기 마련입니다.

윤동주 시인의 시 한 편을 고통스럽게 읽어봅니다. 산불을 목격하고, 불현듯 시인의 죽음을 떠올렸기 때문에 고통스럽지만, 윤동주 시인이 붙인 시의 제목처럼 누군가에게는 진심으로 건네지는 '위로'가 되길 바랍니다.

거미란 놈이 흉한 심보로 병원 뒤뜰 난간과 꽃밭 사이 사람 발이 잘 닿지 않는 곳에 그물을 쳐 놓았다. 옥외 요양을 받는 젊은 사나이가 누워서 치어다보기 바르게---

나비가 한 마리 꽃밭에 날아들다 그물에 걸리었다. 노-란 날개를 퍼득거려도 파득거려도 나비는 자꼬 감기우기만 한다. 거미가 쏜살같이 가더니 끝없는 끝없는 실을 뽑아 나비의 온몸을 감아 버린다. 사나이는 긴 한숨을 쉬었다.

나이보담 무수한 고생 끝에 때를 잃고 병을 얻은 이 사나이를 위로할 말이 - 거미줄을 헝클어 버리는 것밖에 위로의 말이 없었다.

_ 윤동주, 〈위로(慰勞)〉

담백하게 그림을 그리듯이 읽으면 되는 시입니다. 사족이겠지만 느낌을 덧붙여 봅니다. 화자는 관찰자의 입장으로 시에 등장합니다. '나이보담 무수한 고생'을 한 '젊은 사나이'는 어떤 병인지는 모르지만 병원에서 요양 중입니다. 시의 대부분은 사나이가 병원 '옥외'에서 다른 대상들을 객관적으로 바라보고 있는 상황을 서술합니다. 꽃밭을 찾아들던 나비는 실수로 그물에 걸립니다. 끝없는 실을 뽑아 만든 거미의 그물에 걸린 나비는 얼마나 난감할까요. 어쩌면 때를 놓치고 병에 걸린 젊은 사나이의 심정과 같을 수도 있습니다. '긴 한숨을 쉬'는 사나이의 모습에서 자신의 처지와 동일시한 나비를 보는 심정이 드러납니다.

　자신의 정서를 대신하는 대상물을 '객관적 상관물'이라고 합니다. 이 시에서는 '옥외 요양(屋外療養)을 받는 젊은 사나이'의 객관적 상관물이 '거미의 실에 온몸이 감겨버린 나비'입니다. 여기에 한 명의 시선이 추가됩니다. 시의 표면에 직접 드러나지 않은 화자이죠. '거미란 놈의 흉한 심보'가 '나비의 온몸을 감아 버린' 극한 상황을 바라보며 '한숨짓는 젊은 사나이'에게 화자가 할 수 있는 것은 '거미줄을 헝클어 버리는 것밖에'는 없습니다.

　거미는 끊임없이 실을 뽑아 나비를 고립시키지만 사나이와 나비 사이의 형성된 정서적 거리를 벌릴 수는 없습니다. 사나이의 시선은 심정적 반응인 '한숨'을 통해 연민이 드러납니다.

　이 시가 제게 고통스럽지만 위로가 되는 이유는 '나이보담 무수한 고생 끝에' '병을 얻은' 사나이 때문입니다. 화자는 관찰자의 입장에서 이 시에 표면적으로 등장하지 않습니다. 눈길을 끄는 것은 저 사나이나 그 사나이가 아니라 '이 사나이'라는 지시어입니다. 화자와 사나이의 거리는 사나이와 나비 사이만큼이나 가깝습니다. 짧은 순간이지만 나비와 사나이와 화자의 유대감과 정서적 관계는 손에 닿을 만큼 가까워지고 있습니다.

　애정이 없으면 관계는 만들어지지 않는 것이겠죠? 저는 이들의 관계가 너무나 따뜻하고 동시에 안타깝습니다. 나비가 먼저 죽을 것이고, '이 사나이'가 다음으로 죽음을 맞이할 것으로 보이고, 화자 역시 언제인가 다가올 죽음을 향할 것이기 때문입니다.

제가 이 시를 좋아하는 이유는 사실 다른 데에 있습니다. 시인의 시를 함부로 바꾸어서는 안 되겠지만, 왜곡이 목적이 아니므로 제 나름의 생각으로 한 문장만 바꾸어 읽어보겠습니다.

'이 사나이를 위로할 말이 - 거미줄을 헝클어 버리는 것밖에 위로의 말이 없었다.'라는 마지막 문장을 저는 언젠가 이렇게 고쳐 쓴 적이 있습니다.

> '이 사나이를 위로할 말이 - 거미줄을 헝클어 버리라는 것밖에 위로의 말이 없었다.'

'버리는'을 '버리라는' 말로 바꾸면 행위의 주체가 바뀝니다. '거미줄을 헝클어 버리는 것밖에 위로의 말이 없었다'에서는 화자가 사나이를 대신해 거미줄을 직접 헝클어버림으로써 죽음에 직면한 나비를 살려주게 됩니다. 더불어 이 행위는 화자가 사나이에게 건네는 위로의 말이 되지요. 아름다운 관계이며 말하지 않고서도 서로를 이해하는 깊은 애정일 수밖에 없습니다.

그런데 '버리라는'으로 시어로 바꾸면 화자는 사나이에게 행위를 권유하거나 독촉하는 행위로 읽히게 됩니다. 저는 이 시에 등장하는 사나이가 어쩌면 화자 자신이 아닐까 생각하기도 합니다. 화자를 시인 윤동주로 볼 수도 있습니다. '이 사나이'는 윤동주 시인이 객관화한 존재로 볼 수 있습니다.

'이 사나이를 위로할 말이 - 거미줄을 헝클어 버리라는 것밖에 위로의 말이 없었다.'라는 문장은 자기 자신에게 던지는 말이 됩니다. 위로는 타인에게 행하는 정서적 도움입니다. 하지만 위로는 스스로에게도 할 수 있다고 봅니다. 어쩌면 진정한 위로는 스스로의 의지가 뒷받침되어 더 나은 상황으로 스스로를 끌고 나갈 때 이루어지는 게 아닐까요. 사나이를 위해 화자가 거미줄을 헝클어 거두어 주는 것도 큰 위로가 되겠지만 스스로 거미줄을 헝클어버리라고 말하는 것도 위로가 되는 것이지요.

들은 지 오래 된 그 한마디

제 생각대로 바꿔 쓴 마지막 문장을 놓고 시를 다시 읽어봅니다. 굳이 시어를 바꿔 본 이유는 윤동주 시가 드러내는 일관된 주제 의식 때문입니다. 시인의 유일한 시집이자 유고시집이기도 한 《하늘과 바람과 별과 시》에는 부끄러움이라는 시어가 지속적으로 나타납니다. 일일이 인용할 수는 없지만 윤동주 시의 특징 중의 하나는 두 개의 자아가 드러난다는 사실입니다. 식민지 청년 지식인으로서 부끄러움을 느끼는 현실의 자아와 부끄러움을 넘어선 본질적 자아는 윤동주 시인의 일관된 주제 의식을 받치는 버팀목입니다.

이 시에서도 시인이 사나이에게 건네고 싶었던 위로는 사실 자신에게 하고 싶었던 것이라고 저는 생각해 봅니다. 그럼에도 시인은 청년 지식인으로서 식민지 현실을 어쩌지 못하는 자신이 부끄러워 스스로에게 위로를 건네는 방식으로는 차마 표현하지 못한 건 아닐까요.

윤동주 시인은 '하늘을 우러러 한 점 부끄러움이 없기'를 바랄 정도로 비현실적으로 순결한 정신을 소유한 사람입니다. 광활한 하늘에서 티끌 같은 점 하나만큼의 부끄러움이 없기를 생각하다니요. 이런 정신은 치열한 자기 성찰이 아니면 쉽게 나올 수 없는 태도이며 발상입니다. 자신이 쓴 시에서마저 스스로를 대놓고 위로하지 못하는 모습에서 저는 자신에 대한 위로를 읽습니다.

따뜻한 말이나 행동으로 괴로움을 덜어 주거나 슬픔을 달래 주는 행위가 위로입니다. 요란하지 않고, 시끌벅적하지 않게 건네는 그 한마디의 말은 젊은 사나이에게 분명한 위로가 되었을 것이라고 믿고 싶습니다. 덧붙여 위로라는 말을 들을 때마다 뭉클해지는 이유는, 어찌 보면 사소해 보이는 그 한마디를 들은 지 너무나 오래되었기 때문인지도 모르겠습니다.

기형도 시인이 구현한 '그로테스크 리얼리즘'

누이여
또다시 은비늘 더미를 일으켜세우며
시간이 빠르게 이동하였다
어느 날의 잔잔한 어둠이
이파리 하나 피우지 못한 너의 생애를
소리없이 꺾어갔던 그 투명한
기억을 향하여 봄이 왔다

살아 있는 나는 세월을 모른다
네가 가져간 시간과 버리고 간
시간들의 얽힌 영토 속에서
한 뼘의 폭풍도 없이 나는 고요했다
다만 햇덩이 이글거리는 벌판을
맨발로 산보할 때
어김없이 시간은 솟구치며 떨어져
이슬 턴 풀잎새로 엉겅퀴 바늘을
살라주었다

봄은 살아 있지 않은 것은 묻지 않는다
떠다니는 내 기억의 얼음장마다

> 부르지 않아도 뜨거운 안개가 쌓일 뿐이다
> 잠글 수 없는 것이 어디 시간뿐이랴
> 아아, 하나의 작은 죽음이 얼마나 큰 죽음들을 거느리는가
> 나리 나리 개나리
> 네가 두드릴 곳 하나 없는 거리
> 봄은 또다시 접혔던 꽃술을 펴고
> 찬물로 눈을 헹구며 유령처럼 나는 꽃을 꺾는다
>
> _ 기형도, 〈나리 나리 개나리〉 전문

    1989년도에 기형도 시인(1960~1989)의 유고시집 《입 속의 검은 잎》이 발간되었을 때, 독자들의 반응은 뜨거웠습니다. 29살 청년 시인의 죽음이라는 안타까움이 전부는 아니었습니다. 시집에 실린 시들의 견고한 예민함과 슬픔을 느끼는 시인의 남다른 감각은 탁월한 것이었습니다.

    시집의 해설을 쓰고 얼마 있지 않아 세상을 떠난 문학평론가 김현(1942~1990)의 말을 빌리면 기형도 시인의 시에 나타난 세계관은 '그로테스크 리얼리즘'의 전형입니다. 기괴하거나 기이한 모습을 의미하는 그로테스크(grotesque)라는 단어로 시인의 시 세계를 설명한 평론가 김현 역시 문학평론을 문학의 하위 갈래에서 하나의 세계를 구축하는 창조적 문학과 대등한 반열로 올려놓은 뛰어난 평론가였습니다. 한 시집에 이름을 올린 두 사람의 안타까운 죽음은 유고시집의 비장함이 더욱 증폭되는 이유가 되

기도 하였습니다.

 기형도 시인의 시에서 주목할 부분은 촉각적 이미지를 슬픔과 절망적 세계관을 표현하는데 효능감 있게 활용한다는 점입니다. 시인보다 먼저 세상을 떠난 누이를 추억하는 이 시에서도 그의 촉각에 대한 탁월한 감각은 돋보입니다. '햇덩이 이글거리는 벌판', '내 기억의 얼음장마다 부르지 않아도 뜨거운 안개가 쌓일 뿐', '찬물로 눈을 헹구며' 등의 이미지는 시상의 구체화에 많은 기여를 합니다.

 시상을 구체화하는 요소로 활용하는 인간의 오감각, 즉 시각, 청각, 후각, 미각, 촉각은 일정한 거리감을 통해 표현됩니다. 그중에서 촉각은 대상과 화자가 가장 가까이 있을 때 발현되는 감각입니다. 피부의 접촉을 통해 대상의 특징을 인지하는 촉각은 막연할 수 없지요. 가장 가까운 거리에서 직접 피부로 느끼는 감각을 통해 누이의 죽음을 확인하고 환기하는 시인의 촉각적 사고는 어찌 보면 본능적인 이미지일 수 있습니다.
 이 시에는 죽은 누이를 직접 만져볼 수 없다는 절망이 가장 가까이에서 느끼는 촉각에 의해서 역설적인 거리감으로 표현되고 있습니다. '떠다니는 내 기억의 얼음장마다 / 부르지 않아도 뜨거운 안개가 쌓일 뿐이다'는 문장은 그의 절망감이 얼마나 크고 깊은지를 보여줍니다. 누이의 부재가 가져다준 얼음장만큼 차가운 현실 인식은 안개마저 뜨겁게 만드는 그리움을 만들어 내고 있습니다.

봄이 피워낸 꽃을 꺾어버리는 절망

불행한 사고를 당해 고통스러운 삶을 살다 간 누이의 삶을 회상하는 이 시는 흔히 말하는 봄의 생동감과는 완전히 거리를 두고 있습니다. '아아, 하나의 작은 죽음이 얼마나 큰 죽음들을 거느리는가'라는 구절은 이 시의 부분이면서 동시에 전체를 관통합니다.

'이파리 하나 피우지 못한 너의 생애를 / 소리없이 꺾여갔던 그 투명한 / 기억을 향하여 봄이 왔다'라는 절망적 인식은 봄의 이면을 들여다보게 합니다. 겨울과 봄, 불모성과 생명성이라는 이원적인 구분을 넘어 시적 상상력이 가닿는 곳은 죽음을 몰고 온 봄입니다. 죽은 누이의 기억은 화자에게 '살아 있는 나는 세월을 모른다'라는 깊이를 알 수 없는 절망적 인식을 안겨 줍니다.

'네가 두드릴 곳 하나 없는 거리'를 걷는 화자의 모습에서 봄은 비정하며 잔인한 모습으로 표현되고 있습니다. '또다시 접혔던 꽃술을 펴'는 봄의 속성에 화자는 '찬물로 눈을 헹구'는 행위를 통해 누이가 부재하는 현실을 직시합니다. 봄이 누이를 앗아간 것은 아니지만 화자에게 봄은 누이를 잃은 상황과 등가적으로 다가옵니다. 그 봄이 피워낸 꽃을 화자는 '꺾는다'는 행위를 통해 절망에 대응합니다.

그런데 '유령처럼'이라니요. 스스로를 죽은 사람의 혼령에 빗대는 시적 표현은 '꽃을 꺾는' 행위보다도 더 가학적입니다. 시인에게 이 시는 어쩌면 스스로를 유폐시키는 동시에 죽은 누이의 영혼을 정화시키는 '씻김굿'의 의미가 아니었을까요. 이 깊이도 모를 절망은 앞으로도 많은 사람들이 이 시를 읽게 하는 이유가 될 것입니다.

호박, 부추, 도토리묵이 시를 만날 때

살면서 제대로 몰랐던 사실들이 참 많습니다. 문학도 그중의 하나일 것입니다. 특히 시는 더욱 그렇습니다. 뭔가 멋지고, 기발하고, 거창하거나 멋들어진 내용을 멋진 표현에 담아내야 비로소 시가 된다고 생각하지는 않았을까요. 인상적인 상황을 매력적인 표현에 담아낼 때 시가 된다고 생각했던 것 같기도 합니다.

하지만 최근에 시가 단순히 멋진 말이 아니라는 걸 깨달았습니다. 시도 우리 삶을 들여다보는 한 가지 방법이었습니다. 섬세한 관찰의 과정을 절제된 언어 속에 녹여 놓은 고민의 흔적이라는 것을 알게 되었습니다. 그리고 상상력이 왜 중요한지를 새삼 느끼기도 했습니다. 결국 좋은 시는 정확한 관찰과 깊은 사색이 유니크한 상상력으로 표현된 것이었죠. 이런 생각을 하게 된 이유는 몇 편의 시를 알게 되면서입니다.

시(詩)라는 한자어를 파자(破字 : 글자를 나누어 의미를 살펴보는 것)하면 언어(言)의 사원(寺), 다시 말해 말의 사찰이 됩니다. 사찰이나 사원이 자기 수양을 통해 삶의 의미를 찾아가는 공간이라는 것을 생각해보면 시인은 말을 통해 삶의 의미를 읽어내는 사람이 아닐까요.

소개할 세 편의 시는 사소하기 짝이 없는 사물들에서 숨어 있는 삶의 의미를 찾고 있는 작품들입니다. 한 시인은 늙은 호박을 살펴보면서 삶과 죽음을 읽어냅니다. 경이로운 상상력입니다. 또 다른 시인은 나무의 옹이를 보면서 자연스레 자신의 삶의 모습을 성찰합니다. 도토리묵에 담겨 있는 사물들의 소리와 살아온 흔적을 발견합니다.

상상력 자체가 아름다운 것은 아닙니다. 그 상상에 담긴 진실된 말의 표현이 우리를 수긍하게 합니다. 말들이 빚어내는 깊은 사색의 결과는 그래서 늘 우리를 설레게 합니다.

철학자 카시러(Ernst Cassirer, 1874~1945)는 상징 형식을 통해 예술을 설명한 바 있습니다. 그는 예술이 일상적 경험을 단순히 재생하고 재현하는 것이 아니라고 말합니다. 사물들의 내적 의미에 대해 느끼고 현실을 발견하는 것이라고 했습니다.

그의 설명에 따르면 예술은 발견하는 자의 몫입니다. 일상적 사물들을 수백, 수천 번 접해도 대부분의 사람들은 그 내적 의미를 느끼지 못합니다. 반면, 예술가들은 상상력을 통해 내적 의미를 느끼고 발견하여 형식화합니다. 시인은 '발견하는 사람'이라고 정의한다면 시인은 흔쾌히 동의할 것입니다.

생성과 소멸의 텃밭, 늙은 호박

질문 한번 해보겠습니다. 밭에 나가봤더니 땅에 반쯤 묻혀있는 늙은 호박을 보면 무슨 생각을 할 것 같으세요? 대다수에게 호박은 먹을거리에 불과합니다. 어쩌다 밭에서 발견되는 늙은 호박은 시장에 가지 않고도 거저 얻는 횡재일 겁니다.

   대수롭지 않게 여기는 사물들에서 의미를 읽어내는 일이란 어찌 보면 호박 하나 얻었을 때보다 못한 일일 수 있습니다. 호박이야 돈이라도 되지, 시를 쓰는 행위야 돈이 될 리도 없고, 그렇다고 큰 명예가 되는 것도 아니니까요. 그럼에도 시인들은 관찰하고 또 기록합니다. 그리고 그 묵은 생각이 잘 발효되어 절제된 언어로 광채를 뿜어내기도 합니다.

> 고추밭을 걷어 내다가
> 그늘에서 늙은 호박 하나를 발견했다
> 뜻밖의 수확을 들어 올리는데
> 흙 속에 처박힌 달디단 그녀의 젖을
> 온갖 벌레들이 오글오글 빨고 있는 게 아닌가
> 소신공양을 위해
> 타닥타닥 타고 있는 불꽃 같기도 했다
> 그 은밀한 의식을 훔쳐보다가
> 나는 말라 가는 고춧대를 덮어 주고 돌아왔다
> 가을갈이를 하려고 밭에 다시 가 보니
> 호박은 온데간데없다
> 불꽃도 흙 속에 잦아든 지 오래다

자세히 들여다보니
그녀는 젖을 다 비우고
잘 마른 종잇장처럼 땅에 엎드려 있는 게 아닌가
스스로의 죽음을 덮고 있는
관 뚜껑을 나는 조심스럽게 들어 올렸다
한 움큼 남아 있는 둥근 사리들!

_ 나희덕, 〈어떤 출토(出土)〉

 우선 화자의 말과 시선이 따뜻합니다. '흙 속에 처박힌 달디단 그녀의 젖을 / 온갖 벌레들이 오글오글 빨고 있'다고 여기는 이 시선만큼 따뜻한 상상력이 있을까요. 다음으로 매력적인 상상력이 돋보입니다. 시인의 상상에 따르면 호박의 몸뚱어리는 다른 생명체들의 근원이 됩니다. 늙은 호박을 '뜻밖의 수확'이라고 말하는 화자는 처음에는 호박을 단순히 경제적 가치로만 생각합니다. 그러다 화자는 호박을 경제적 가치에서 생명의 가치로 인식을 바꾸게 됩니다. '말라 가는 고춧대를 덮어 주고 돌아'올 수 있는 이유는 다른 생명들이 호박에서 살아가는 힘을 얻는다는 것을 확인했기 때문입니다.

 다시 찾았을 때, 벌레들에게 온몸을 다 내어준 호박은 온데간데 흔적도 없습니다. 그리고 개성적인 비유에 이 시의 아름다움은 빛이 납니다. 벌레들에게 몸을 다 빨리고 남은 호박껍질을 '스스로의 죽음을 덮고 있는 / 관 뚜껑'이라고 빗대는 상상력은 처연하고 아름답습니다.

한 생명의 죽음은 다른 한 생명을 태어나게 하고 살아가게 합니다. 삶과 죽음은 따로 있는 것이 아닙니다. 부단히 순환하고 그 사이에서 우리가 살고 있습니다. 이런 모성애적 상상력의 바탕에는 여성으로 살아가는 동안에 생긴 시인의 삶이 자연스럽게 묻어납니다.

'흰 부추꽃의 환한 환생'

몸이 서툴다 사는 일이 늘 그렇다
나무를 하다 보면 자주 손등이나 다리 어디 찢기고 긁혀
돌아오는 길이 절뚝거린다 하루해가 저문다
비로소 어둠이 고요한 것들을 빛나게 한다
별빛이 차다 불을 지펴야겠군

이것들 한때 숲을 이루며 저마다 깊어졌던 것들
아궁이 속에서 어떤 것 더 활활 타오르며
거품을 무는 것이 있다
몇 번이나 도끼질이 빗나가던 옹이 박힌 나무다
그건 상처다 상처받은 나무
이승의 여기저기에 등뼈를 꺾인

그리하여 일그러진 것들도 한 번은 무섭게 타오를 수 있는가

언제쯤이나 사는 일이 서툴지 않을까
내 삶의 무거운 옹이들도 불길을 타고
먼지처럼 날았으면 좋겠어
타오르는 것들은 허공에 올라 재를 남긴다
흰 재, 저 흰 재 부추밭에 뿌려야지
흰 부추꽃이 피어나면 목숨이 환해질까
흰 부추꽃 그 환한 환생

_ 박남준, 〈흰 부추꽃으로〉

 부추는 백합과에 속하는 다년생 초본입니다. 다른 채소와 달리 한 번 종자를 뿌리면 그다음 해부터는 뿌리에서 싹이 돋아나 계속 자랍니다. 우리나라 전역의 산과 들에 자생하며 농가에서는 수익용으로 따로 재배하기도 합니다. 대개 봄부터 가을까지 3~4회 잎이 돋아나고 이를 식용합니다. 꽃은 7~8월에 피고 흰색이며 열매는 익어서 저절로 터집니다. 지역에 따라 정구지, 부채, 부초, 난총이라고도 부르죠. 비타민이 풍부해 마늘과 비슷한 강장(強壯) 효과를 내서 정력에 좋은 채소로 알려져 있습니다.

 장황하게 부추에 관해 설명을 늘어놓았습니다만 의도는 따로 있습니다. 정작 이 시는 부추에 관한 시가 아닙니다. 제목에 부추가 언급되기는 하지만 이 시는 자신의 삶을 돌이켜보는 성찰이 주

요 내용입니다.

화자는 서툰 솜씨로 나무를 하러 나섭니다. 익숙하지 않다 보니 몸에 상처가 납니다. 아궁이에 불을 피우던 화자는 '몇 번이나 도끼질이 빗나가던 옹이 박힌 나무'가 불길에서 거품을 내며 타는 것을 보며 '상처받은 나무'라는 것을 알아차립니다. 하얗게 진을 내뿜으며 불길을 견디는 것들이 바로 옹이가 박히고 상처받은 존재들이죠. 그런 나무들이야말로 한번은 '무섭게 타오를 수 있'는 것입니다.

화자는 이내 '내 삶의 상처'를 떠올립니다. '언제쯤이나 사는 일이 서툴지 않을까'라고 내뱉는 화자의 말에 공감되는 건 자기 삶을 성찰하는 겸손한 태도 때문입니다 '내 삶의 무거운 옹이들도 불길을 타고 먼지처럼 날았으면 좋겠'다는 표현은 삶의 상처를 절실하게 이해한 사람만이 할 수 있는 게 아닐까요.

'타오르는 것들은 허공에 올라 재를 남'길 것입니다. '흰 재, 저 흰 재 부추밭에 뿌려야지'라며 타고 남은 재를 부추밭에 뿌리려 합니다. '흰 부추꽃이 피어나면 목숨이 환해질까'는 자기 삶이 좀 더 충실해지기를 바라는 마음을 시각적으로 표현한 것입니다. 시인은 '흰 부추꽃 그 환한 환생'을 꿈꾸며 자신의 삶을 들여다보고 있습니다. 겸손한 생각은 상상력을 빌려 깨달음으로 나아가기도 한다는 사실을 일깨워 주는 시입니다.

도토리묵 안의 모든 소리들

마른 잎사귀에 도토리알 얼굴 부비는 소리 후두둑 뛰어내려 저마다 멍드는 소리 멍석 위에 나란히 잠든 반들거리는 몸 위로 살짝살짝 늦가을 햇볕 발 디디는 소리 먼 길 날아온 늙은 잠자리 체머리 떠는 소리 맷돌 속에서 껍질 타지며 가슴 동당거리는 소리 사그락사그락 고운 뼛가루 저희끼리 소근대며 어루만져 주는 소리 보드랍고 찰진 것들 물속에 가라앉으며 안녕 안녕 가벼운 것들에게 이별 인사하는 소리 아궁이 불 위에서 가슴이 확 열리며 저희끼리 다시 엉기는 소리 식어가며 단단해지며 서로 핥아주는 소리

도마 위에 다갈빛 도토리묵 한 모

모든 소리들이 흘러 들어간 뒤에 비로소 생겨난 저 고요
저토록 시끄러운, 저토록 단단한

_ 김선우, 〈단단한 고요〉

    명사형 종결의 의도적 반복과 열거는 시 전체를 부드럽지만 단단히 맺혀있는 한 손의 묵처럼 빚어놓습니다. 맛있는 시이면서 경건한 시입니다. 시인은 시적 대상인 묵이 만들어지는 과정에 주목하여 시의 내용을 전개하는 방식을 활용합니다. 묵에 대한 창조적 이미지는 작가의 개성적 인식을 드러냅니다.

표현 요소로만 보면 이 시는 상당히 감각적입니다. 그렇지만 지나치게 화려하다거나 소란스럽지 않습니다. 딱 맞는 목소리를 찾아내는 시인의 언어적 감각이 돋보입니다. 주로 청각적 이미지와 의성어와 의태어를 사용해 시적 대상을 효과적으로 표현한 부분은 특히 그렇습니다. '~는 소리'라는 유사한 문장 구조를 반복하여 운율을 형성하는 부분도 소리 내어 읽을 때 매력적인 리듬을 느끼게 합니다. 의도적이겠지만 'ㄴ, ㄹ, ㅇ' 등의 울림소리 받침을 통해 리듬감을 주며 도토리의 생동감 있는 모습을 표현한 것도 이채롭습니다.

아무것도 아닐 수 있는 대상에서 개성적 인식을 길어내는 시인들의 언어적 활동이야말로 언어예술인 시문학만이 할 수 있는 특권이 아닐까요? 주변에 무엇이 있는지 자꾸 들여다보게 됩니다. 저 사소하고 아무것도 아닌 것 같던 일 속에 살아가는 의미가 있을 수 있습니다.

저는 오늘 하나를 분명히 배웠습니다. 아무것도 아닌 사물도 없고, 아무것도 아닌 존재도 없다는 사실입니다.

현재와 과거를 잇는 외나무다리
_ 무섬마을의 '오래된 미래'

《오래된 미래》라는 책을 기억하시는지요.

이 책을 제게 건네면서 당신은 말했습니다.

"미래가 오래되었다는 표현은 참 섬뜩하면서도 시적이야. 말과 말 사이의 거리가 사람의 마음과 마음의 거리만큼이나 포에틱 하잖아?"

당신이 전해준 책을 읽었던 기억이 선명합니다.

인도 북부에 위치한 라다크를 통해 인류의 현재와 미래를 통찰하는 작가의 문제의식이 또렷한 책이었죠. 라다크는 서구 문명에 의해 파괴되는 과정도 인상적이었지만 생태학적 관점에서 전통의 회복 가능성을 보여주어 많은 파장을 일으켰었죠. 라다크는 가난하지만 행복지수가 전세계에서 가장 높은 곳입니다. 그 이유는 마지막 책장을 덮는 순간 이해가 됩니다. 한껏 호기심이 일어나 인터넷에서 라다크의 풍경을 찾아봤던 기억도 납니다. 특히 책의 제목은 사람들의 마음에 깊은 여운을 남겼지요. 오래된 미래는 역설적인 말이지만 강한 호소력이 있었습니다. 인류 문명이 나가야 할 미래는 결국 오래된 전통을 회복하는 데에 있다고 작가는 일관되게 말했죠. 어떻게 사는 것이 올바른지, 간결하지만 진솔한 메시지는 현대 문명에 대한 비판적 성찰로 자연스럽게 이어집니다.

무섬마을.
이 책을 다시 떠올린 것은 12월 중순의 어느 여행지였습니다. 경상북도 영주시 문수면 수도리에 위치한 50여 가구가 채 되지 않는 고즈넉한 곳이지요. 수도리의 우리말 이름인 무섬마을은 물 위에 떠 있는 섬을 뜻합니다. 마을은 물길이 돌아나가는 안쪽에 위치해 있습니다. 낙동강의 지류인 내성천이 이 마을의 삼 면을 휘돕니다. 그 물길의 흔적들이 만든 모래톱을 대들보 삼아 마을은 꽃잎이 퍼지듯 자리잡고 있지요. 100년이 훌쩍 넘은 고택들이 조선 후기 전통 건축의 모습을 간직한 곳이기도 합니다.

불현듯이 '오래된 미래'라는 말이 떠올랐습니다.
마을의 중앙부에서 물길을 따라 내려가면 꽤 긴 강폭을 지닌 물길이 구부러지며 휘돕니다. 겨울인데도 불구하고 강물은 찬바람을 쓸어 담으며 기지개를 켜듯 모래사장을 펼쳐놓습니다. 조선 후기부터 물길은 한순간도 쉬지 않고 시간을 차곡차곡 쌓으며 이 공간을 넓혀 왔겠지요. 마을의 안팎은 우리 선조들의 삶의 모습들로 꽉 차 있습니다. 한창 지붕의 이엉을 잇는 작업을 하는 사람들 사이로 오래된 우리의 생활들이 보입니다. 감을 말리는 처마

에는 햇살이 마치 자기 집을 찾듯이 번지수를 확인하며 스며들고 있습니다.

풍경은 사람을 담기도 합니다.
오래된 마을에는 나름의 질서가 자리 잡고 있습니다. 바람과 햇살에도 오래 전부터 제자리가 정해져 있는 것처럼 보입니다. 산새들은 산새들대로, 고양이들은 고양이들대로 지나다니는 길이 흔적처럼 구분돼 있습니다. 여행지에서 느끼는 여러 생각 중에서 가장 신비로운 것이 질서입니다. 사람들이 터를 잡은 공간을 중심으로 자연은 일정한 일상을 약속이나 한 것처럼 건네주는 것을 보게 됩니다. 당신은 그걸 풍경이라고 말했던 적이 있지요. 그 말에 전적으로 수긍하게 됩니다. 무섬마을의 야트막한 담장과 과하지 않는 지붕의 높이는 사람들 생각의 풍경이기도 합니다. 그 모습을 유지하며 살았던 우리의 삶이 고즈넉한 집들 속에 스며 있습니다. 5km 정도만 벗어나면 나타나는 영주 시내의 현대식 건물은 과거와 달라진 우리의 현재의 풍경이며 미래의 어느 한 순간이겠죠.

외나무다리를 건너갑니다.
30cm쯤 되는 폭에 못질 하나 없이 매끈한 나무의 속살을 드러내고 강물을 가로지르는 이 다리는 마을의 명물입니다. 숱한 사람들이 건넜을 다리는 지나쳤던 발걸음 수만큼이나 많은 기억과

사연을 품고 있겠지요. 대략 1미터 50cm쯤 되는 높이의 다리는 강물을 직선으로 잇지 않고 타원의 바깥 테두리처럼 둥글게 휘어져 강물의 흐름을 더욱 부풀려 보이게 합니다. 강심이 깊은 곳을 피해 조금이라도 얕은 물굽이를 찾으려 했던 마을 사람들의 고심이 보입니다.

다리에는 사람들의 배려가 이어져 있습니다.
강폭을 고려하고 범람의 높이를 따지며 나무들을 이어나갔을 겁니다. 높이와 폭은 아이가 건너가거나 아낙이 건널 때를 생각했겠지요. 그 때문인지 다리는 더 길어지고 휘어졌겠지만 그 휘어짐으로 인해 사람들의 무서움도 조금 덜 했을 겁니다. 이 다리에는 모서리가 없습니다. 다리의 모든 궤적이 둥그스름하고 모난 부분이 없습니다. 이 마을에 살았던 사람들의 심성이 그러했을 테고 그들의 말씨는 덩달아 둥글어졌을 것이며 사람들의 마음을 환하게 이어주었을 겁니다. 한 발자국 한 발자국 조심스럽게 발걸음을 옮기다 보니 어느새 다리의 끝에 도착합니다.

100여 걸음.
그 걸음걸이 숫자만큼 다리는 옛날과 현대를 이어주고 있습니다. 100여 걸음 밖에는 현대화된 삶의 양식이 있고, 100여 걸음으로 다리 안으로 들어서면 오래된 우리의 옛 삶의 양식이 화석처럼 새겨져 있습니다. 다리를 건너와 보는 무섬마을은 100년 전의 모습으로 남아있습니다. 삶이 어떻게 바뀌어갈지 확신할 수는 없지만 최소한 제게 무섬마을은 오래된 미래입니다.

다리는 하나이면서 여럿입니다.
마을의 외나무다리는 그 길이만큼이나 많은 생각을 하게 합니다. 물이 불어나면 마을 밖으로 나갈 수 없습니다. 1980년대에 콘크리트로 만들어진 마을 입구의 수도교가 생기기 이전까지 이 다리는 마을이 외부와 통하는 유일한 길이었다고 합니다. 시집올 때 꽃가마 타고 이 외나무다리를 들어선 한 여인은 상여에 몸을 싣고서야 이 마을에서 나갔겠지요. 마을에서 삶을 보낸 그 여인의 평생은 다리에서 시작해 다리에서 끝났을 겁니다. 어쩌면 혼인이라는 하나의 인연을 붙들고 온 여인은 이 마을에 참 많은 사연을 남겨두고 세월의 강을 건넜을지도 모릅니다. 물길이 한 곳에서 시작해 수많은 지류를 만들며 세상으로 퍼져갔듯이 말이죠. 하나이면서 동시에 여럿인 삶의 발자국들. 시간을 거슬러가듯 천천히 발걸음을 옮기며 다리를 다시 건넙니다.

공간을 잇는 다리는 시간을 이어주기도 합니다.
이번 여행길에서 제가 본 건 공간이 품고 있던 시간이기도 했습니다. 몇 백 년의 시간이 흐르는 동안 마을은 한국의 근현대사를 모두 지켜보았을 겁니다. 참 인상적이었던 것은 이곳에 살고 있는 사람들이었습니다. 역사에 대한 자부심과 고향에 대한 애착심은 단순히 오래 살았다고 생기는 것은 아니지요. 중심지와 떨어져 고립되어 보이는 마을은 몇 가지 특색으로 역사라는 시간과 이어져 있더군요. 유교적 전통을 바탕으로 하면서도 이데올로기에 있어서는 자유로운 분위기가 역력한 마을이었습니다. 이 마을이라고 해서 전쟁의 상처를 비껴갈 수는 없었지요. 좌우익의 대립이 있었지만 주민들의 사상적 선택에 있어서는 서로가 존중하는 분위기였다고 하네요. 그 살벌했던 전쟁의 순간에도 마을 사람들끼리 서로 죽고 죽이는 일은 벌어지지 않았습니다. 오히려 외부에서 들어온 사상의 혼란이 내면적으로 더 강렬한 전통을 만들었다는 생각이 들기도 합니다.

한 편의 시가 되는 풍경이 있습니다.
처가가 이곳이었던 조지훈 시인은 무섬마을을 배경으로 시를 남겼습니다. 임과 이별한 여인의 애틋함과 그리움이 담겨있습니다. 시의 제목이 이별이 아니고 별리라고 붙인 이유를 생각해봅니다. 모두 같은 의미의 단어입니다만 느낌은 분명 다릅니다. 무섬마을을 가로지르는 외나무다리를 떠올리게 합니다. 마을 안에서 보는 다리와 마을을 건너서 바라본 다리의 의미가 달라 보이듯이 이곳은 현재와 과거를 떠올리게 하는 매력이 있습니다.
언젠가 당신이 이곳에 와본다면 이 외나무다리를 건너보시길 바랍니다. 앞과 뒤, 과거와 미래, 닫힘과 열림이라는 경계를 경험하실 겁니다.

푸른 기와 이끼 낀 지붕 너머로
나즉히 흰 구름은 피었다 지고
두리기둥 난간에 반만 숨은 색시의
초록 저고리 당홍 치마 자락에
말없는 슬픔이 쌓여 오느니…….

십 리라 푸른 강물은 휘돌아가는데
밟고 간 자취는 바람에 밀어 가고

방울 소리만 아련히
끊질 듯 끊질 듯 고운 메아리

발 돋우고 눈 들어 아득한 연봉(連峰)을 바라보나
이미 어진 선비의 그림자는 없어…….
자주 고름에 소리 없이 맺히는 이슬 방울

이제 임이 가시고 가을이 오면
원앙침(鴛鴦枕) 비인 자리를 무엇으로 가리울고

꾀꼬리 노래하던 실버들가지
꺾어서 채찍 삼고 가옵신 임아…….

_ 조지훈, 〈별리(別離)〉

에필로그

스며들고 기다리는 '침묵'

다음 목적지는 회룡포입니다.

이곳을 행선지로 정한 것은 회룡포라는 이름 때문입니다.

회룡포는 경상북도 예천군 용궁면 대은리 일대에 있는 마을입니다. 내성천의 지류가 마을을 끼고 흐르는 지리적 특징은 필연적으로 공간의 고립을 만들어냈습니다. 육지 속의 섬마을은 확실히 낭만적입니다. 고립감이 주는 아득한 신비함도 사람들의 발걸음을 이끄는 이유입니다. 사실 이런 느낌은 외지인에게만 해당하겠죠. 이곳에서 평생을 살았던 사람들에게는 이 마을의 이름 안에 머물러 산다는 것이 어떤 모습이었는지 궁금해졌습니다. 열 가구 남짓 모여 살아가는 마을 사람들은 어떤 생각을 하고 살았을까요?

이름에는 뜻이 담겨 있기 마련입니다.

'회룡'이라는 말은 용이 마을을 감싸며 돈다는 뜻입니다. '포'는 강이나 내에 물길이 드나드는 곳을 이르는 한자어입니다. 우리말로는 '개'라고도 부르는 곳이지요. 경상북도 일대의 젖줄이 되는 낙동강의 지류인 내성천이 마을을 끼고 흐르는 모양에서 비롯한 말입니다. 마을에 들어섰을 때, 예천군 용문면 일대를 가로지르는 물길이 먼저 사람을 반깁니다. 그 안에 고여있는 마을의 인적은 드물었고 드문드문 보이는 물새는 움직임이 잦았습니다.

어쩌면 바다에서부터 가장 먼 거리에 있는 섬일지도 모릅니다. 내륙의 한복판에 떠 있는 섬마을은 뜻밖에도 한적한 바다의 모습을 떠올리게 합니다. 바다 위로 솟아오른 섬 아래에 엄청난 크기의 봉우리가 잠겨 있듯이 이 마을 사람들의 삶을 물길이 떠받치고 있다는 생각이 들었기 때문입니다. 회룡포는 제가 도착한 오후에도 바다로 나서려는 용의 비늘같은 물길이 꿈틀거리며 반짝였고, 물살을 흔들며 반짝이는 윤슬은 호기심 많은 외지인을 맞이하고 있었습니다.

회룡포에 들어서면 우리나라가 보입니다.
삼면이 바다로 둘러싸인 반도에서 살아왔던 우리 민족의 삶은 어쩌면 회룡포 주민들의 그것과 닮은 것일지도 모릅니다. 바닷길이 삼면을 막고 있다가 이념으로 북쪽과 갈라진 지금의 우리 국토는 육지이지만 섬이 될 수밖에 없지요. 건너편에 버티고 앉은 비룡산의 나지막한 산자락도 마을 주민들에게는 어떤 산맥보다도 멀고 높았을 테지요. 어떤 시선으로 보느냐에 따라 대상이 달라 보인다는 평범한 사실을 다시 생각해 봅니다.

 개화기 무렵의 조선은 서양인들의 눈에는 동양적 낭만과 지리적 고립감으로 궁금함을 일으키는 대상이었을 겁니다. 이사벨라 비숍이라는 영국 여인이 19세기 후반인 1894에서 1897년 사이에 조선을 방문해 쓴 여행기인 《조선과 그 이웃나라들(Korea and Her Neighbors)》에서 묘사한 '은둔과 미지의 나라'라는 표현은 온전하게 여행자와 외지인의 시각입니다. 일회적인 시각이었기에 조선인들, 특히 여성들의 삶에 대해 부정적인 표현을 서슴없이 쓸 수 있었을 겁니다. 대도시에 사는 사람은 산골 마을의 삶을 온전히 받아들이지는 않습니다. 회룡포라는 이름을 낯설어하고, 이곳 사람들의 삶을 엿보려고 하는 저의 야트막한 궁금함 역시 일회적이고 순수하지 못한 것일 수도 있겠지요. 통나무로 다리의 기둥을 세우고 철제로 만든 널빤지를 잇대어 만든 이른바 '뽕뽕다리'를 건너 사람들 삶의 '안'으로 들어갑니다.

 타인의 호기심은 새롭지만 깊이는 없습니다.
 호기심은 새로운 것에 대한 긍정적인 관심이기는 하지만 현지인들의 삶을 오롯이 들여다보기에는 너무 얇고 가벼운 것입니다. 갑오농민전쟁(1894)과 을미사변(1895), 아관파천(1896) 등 극심한 혼란을 맞이했던 당대의 조선을 바라보던 서양 여인의 눈에는 조선 민중의 삶이 어떻게 느껴졌을까요. 아시아의 끄트머리에 있는 미개한 이민족으로 이해되지 않았을까요. 똑같은 대상을 현미경으로 보는 것과 망원경으로 보는 것은 확연히 다릅니다. 우리가 보는 우리의 역사와 강력한 제국주의의 혜택을 두루 누리며 여행을 다녀간 영국 여인의 시각은 다를 수밖에 없는 것이겠죠. 어느 한쪽을 일방적으로 탓하거나 두둔할 필요는 없습니다. 제가 이곳을 찾으면서 느끼는 궁금함이 서양 제국주의의 정점을 살았던 영국인과 같을 수는 없겠지만, 도시 사람이 지니는 시골 섬마을에 대한 변변치 못한 관심이기도 합니다. 이런 생각을 거두게 한 것은 70대로 보이는 할머니를 만나면서입니다.

벼가 떠난 곳에 파란 보리가 자라고 있었습니다.
할머니는 머리에 빨간 수건을 두르고 밭일을 하고 있습니다. 마을을 건너와 파란 잔디처럼 보이는 밭에 시선이 이끌려 따라와보니 보리밭이 펼쳐져 있습니다. 사진으로만 보던 보리를 실제로 보니 신선하고 새로웠습니다. 누렇게 익은 수확 철의 보리와 다르게 청색의 보리는 이국적인 느낌이 들기까지 합니다.

혹시 보리가 맞나요?
할머니는 대수롭지 않다는 듯 몇 마디 이 지역 특유의 말씨로 대꾸를 하십니다. 10월쯤에 심어 아직은 푸르지만 내년 여름 나기 전에는 누렇게 여문 보리를 수확할 수 있다고 하십니다. 추위가 더 오기 전에 자라야 겨울을 나고는 수확이 가능하다고 말을 덧붙이십니다. '보리는 겨울을 이겨내는 작물인가요?'라고 되묻는 제 질문에 할머니는 대꾸도 안 하십니다. 무심하게 돌아서 도리깨로 참깨를 터는 할머니의 몸짓이 농촌에 대한 저의 무지를 두들기는 것 같습니다. 생각해 보니 보리는 겨울을 이겨내는 것이 아니라 겨울을 보내며 자라는 것이 맞겠지요. 단순히 외지인의 호기심이 이 마을 사람들의 내력을 알 수는 없다는 생각이 퍼뜩 듭니다. 어느 영국 여인의 여행기에서 매우 부정적으로 그려졌던 개화기 조선인들의 삶도 마찬가지 아니었을까요. 삶은 겉으로 보는 것이 아니라 살면서 스며드는 것입니다.

가을은 그 자체로 하나의 계절이었습니다.

한때는 여름의 끝이 가을이라고 생각한 적도 있었지요. 바다의 강렬한 파도의 표면에 부딪혀 꺾이는 햇살에 취해 있던 이십대에는 그랬습니다. 그리고 어느 무렵에는 가을은 겨울이 오는 길목쯤으로 여긴 적도 있습니다. 겨울의 냉정한 추위와 바람이 저의 목덜미를 움츠리게 하는 그 유폐가 좋아지던 때였지요. 사람이 싫어지고 정신이 황폐해졌던 서른 초반 무렵이었습니다. 당신을 향해 더 들어갈 수도 없고, 더 나올 수도 없어 세상 고민을 모두 짊어지고 있다고 생각하던 적이 있었지요. 당신이 한 번쯤 뒤돌아보기를 바랐으나 현실의 곤궁함으로 차마 더 다가가지는 못할 때였습니다.

가을은 저에게 항상 '늦은' 계절입니다.

11월은 가을을 담기에 알맞은 모양을 하고 소백산맥 자락을 따라 널려있습니다. 가을이라고 느끼는 순간, 가을은 어느새 깊이 다가와 있어 항상 늦가을이었고, 가을이 끝나는구나, 생각하는 순간 가을은 먼저 계절을 건너가 있어 늦가을밖에 볼 수가 없습니다. 당신은 예천의 국도에 들어서는 순간 어디에나 있는 햇살처럼 기억에서 떠올랐습니다. 당신과의 첫 여행이 이 근처였다는 것을 햇살 속에서 기억해 냅니다. 그리고 또 생각나는 것이 있습니다. 관계를 바라보는 관점이 달랐죠. 그때 우리가 서로 다르게 읽었던 한 편의 시도 생각이 납니다. 서로를 바라보는 방향이 달랐던 것이었겠죠.

이 시에 나오는 '침묵'에 대해 저는 상대에 대한 기다림이라고 말했고, 당신은 자신의 내면을 돌아보는 행위라고 말했었죠. 무엇이 되었든 당신이 제게 없는 지금은 이미 늦은 언어들입니다. 가을은 제게 항상 늦가을이었듯이 말이죠.

두서없는 편지를 마무리합니다. 그리고 당신과 함께 읽었던 시 한 편을 동봉합니다.

떠나고 싶은 자
떠나게 하고
잠들고 싶은 자

잠들게 하고

그리고도 남는
시간은 침묵할 것.

또는 꽃에 대하여
또는 하늘에 대하여
또는 무덤에 대하여
서둘지 말 것.

_ 강은교(1945~), 〈사랑법〉 중에서

이 책을 쓰는 데 지식을 제공하고 영감을 준 참고도서

《나무야 나무야》, 신영복 지음, 돌베개, 2013
《노인과 바다》, 어네스트 밀러 헤밍웨이, 김욱동 옮김, 민음사 세계문학전집, 2012
《대장장이와 연금술사》, 미르치아 엘리아데 지음, 이재실 옮김, 문학동네, 1999
《대중문화의 이해》, 김창남, 최영묵, 정준영 공저, 한국방송통신대학교 출판문화원, 2018
《더불어 숲》, 신영복 지음, 돌베개, 2015
《동양은 어떻게 서양을 계몽했는가》 J.J 클라크 지음, 장세룡 옮김, 우물이 있는 집, 2004
《동양의 고전을 읽는다 1~4》, 권중달 외 14인 지음, 휴머니스트, 2006
《로쟈의 인문학서재》, 이현우 지음, 산책자, 2009
《메밀꽃 필 무렵》, 이효석 지음, 문학과지성사, 2007
《문학의 새로운 이해》, 박진·김행숙 지음, 청동거울, 2004
《문화의 수수께끼》, 마빈 해리스, 박종렬 옮김, 한길사, 1999
《미셸 푸코, 말과 사물》 이규현 지음, 살림출판사, 2019
《민중의 시대 : 1980년대 한국문화사 다시 쓰기》, 박선영 외 8명 지음, 빨간소금, 2023

《백석 시, 백 편》, 이숭원 지음, 태학사, 2023

《변신·시골의사》, 프란츠 카프카, 전영애 옮김, 민음사 세계문학전집, 1998

《부의 미래》, 앨빈 토플러, 하이디 토플러, 김중웅 옮김, 청림출판, 2007

《빵의 역사》, 하인드리 E. 야콥 지음, 곽명단, 임지원 옮김, 우물이 있는 집, 2002

《사다리 걷어차기》, 장하준 지음, 형성백 옮김, 부·키, 2009

《생물의 건축학》, 하세가와 다카시 지음, 박이엽 옮김, 현암사, 2002

《서양의 고전을 읽는다 1~4》, 강순전 외 17인 지음, 휴머니스트, 2006

《세상을 바꾼 12권의 책》, 멜빈 브레그 지음, 이원경 옮김, 랜덤하우스, 2007

《세상을 바꾼 최초들》, 피에르 제르마 지음, 최현주, 김혜경 옮김, 하늘연못, 2006

《시지프 신화》, 알베르 카뮈, 김화영 옮김, 민음사, 2016

《실패의 향연》, 크리스티나네 취른트 지음, 오승우 옮김, 들녘, 2007

《안나 까레니나》(상), 레프 톨스토이, 이명현 옮김, 열린책들, 2018

《어린 왕자》, 앙투안느 드 생텍쥐베리, 황현산 옮김, 열린책들, 2015
《영화관 옆 철학카페》, 김용규 지음, 이론과 실천, 2004
《예술철학 - 플라톤에서 들뢰즈까지》, 시릴 모라나, 에릭 우댕 공저, 한의정 옮김, 미술문화, 2013
《옛 이야기의 매력 1》, 브루노 베텔하임 지음, 김옥순, 주옥 공역, 시공주니어, 2007
《우리 문화의 수수께끼 2》, 주강현 지음, 한겨레신문사, 1998
《유럽의 고성이 말을 걸어오다-부르크가이스트와 마고할미》, 김부환 지음, 한울, 2006
《인문학의 창으로 본 과학》, 김용석 외 지음, 한겨레출판, 2008
《일차원적 인간》, 마르쿠제 지음, 이희원 옮김, 육문사, 1993
《저주받은 아나키즘》, 엠마 골드만 지음, 김시완 옮김, 우물이 있는 집, 2001
《죽은 경제학자의 살아있는 아이디어》, 토드 부크홀츠 지음, 류현 옮김, 김영사, 2009
《철학 콘서트》, 황광우 지음, 웅진, 2006
《철학, 예술을 읽다》, 철학아카데미 지음, 동녘, 2006
《취향의 정치학, 피에르 부르디외의 「구별 짓기」 읽기와 쓰기》 홍성민 지음, 현암사, 2012
《칼의 노래》, 김훈 지음, 문학동네, 2007

《통섭》, 에드워드 윌슨 지음, 최재천·장대익 옮김, 사이언스북스, 2009

《파놉티콘 - 정보사회, 정보감옥》, 홍성욱 지음, 책세상, 2006

《한국 고대사 산책》, 한국역사연구회 고대사 분과 지음, 역사비평사, 1995

《해법문학 18종 문학 참고서 1~5》, 권일경 외 지음, 천재교육, 2020

《현대소설 109인선》, 이효석 지음, 이병렬 엮음, 문원각, 2008

《현대시의 이해와 감상》, 김태형, 정희성 엮음, 문원각, 2008

《호모 노마드 - 유목하는 인간》, 자크 아탈리 지음, 이효숙 옮김, 웅진 지식하우스, 2009

책에 인용한 시와 소설들

강은교(1945 ~), 〈사랑법〉

공선옥(1963 ~), 〈한데서 울다〉

기형도(1960 ~ 1989), 〈나리 나리 개나리〉, 〈빈집〉, 〈겨울판화 1 - 바람의 집〉

김광섭(1905 ~ 1977), 〈저녁에〉

김선우(1970 ~), 〈단단한 고요〉

김소진(1963 ~ 1997), 〈눈사람 속의 검은 항아리〉

김춘수(1922 ~ 2004), 〈샤갈의 마을에 내리는 눈〉

나희덕(1966 ~), 〈어떤 출토 出土〉

문태준(1970 ~), 〈처서 **處暑**〉

박남준(1957 ~), 〈흰 부추꽃으로〉

박완서(1931 ~ 2011), 〈환각의 나비〉

박재삼(1933~1997), 〈매미 울음 끝에〉

백석(1912 ~ 1996), 〈흰 바람벽이 있어〉, 〈남신의주 유동 박시봉방〉, 〈나와 나타샤와 흰 당나귀〉

신대철(1945 ~), 〈추운 산〉

윤동주(1917 ~ 1945), 〈위로 **慰勞**〉

은희경(1959 ~), 《새의 선물》

이성복(1952 ~), 〈그 여름의 끝〉

장석남(1965 ~), 〈배를 매며〉, 〈배를 밀며〉

조지훈(1920 ~ 1968), 〈별리 別離〉
주요섭(1902 ~ 1972), 〈사랑손님과 어머니〉
최승호(1954 ~), 〈대설주의보〉
한용운(1879 ~ 1944), 〈나룻배와 행인〉
황동규(1938 ~), 〈즐거운 편지〉

생각이 영그는 인문에세이
잘익은 **토마토**

1판 1쇄 | 2024년 5월 15일
1판 2쇄 | 2024년 6월 10일
지은이 | 오형석
펴낸이 | 손인수
교정·교열 | 조경숙
표지디자인 | 이동휘
편집디자인 | 디자인플러스
사진 | 김수길
인쇄 | 나인애드

펴낸곳 | ㈜벼리커뮤니케이션
등록번호 | 제16-4156호
등록일 | 2007년 3월 26일
주소 | 서울시 강남구 역삼동 테헤란로 313, 1313호 (역삼동, 성지하이츠1차)
대표전화 | 02-2051-5765
팩스 | 02-6007-1592
홈페이지 | www.byuri.co.kr

ⓒ 오형석, 2024

ISBN 979-11-90063-18-0
ISBN 979-11-90063-02-9 (세트)

* 책값은 뒤표지에 있습니다.